book2

books in 2 languages

book2 Deutsch - Afrikaans für Anfänger

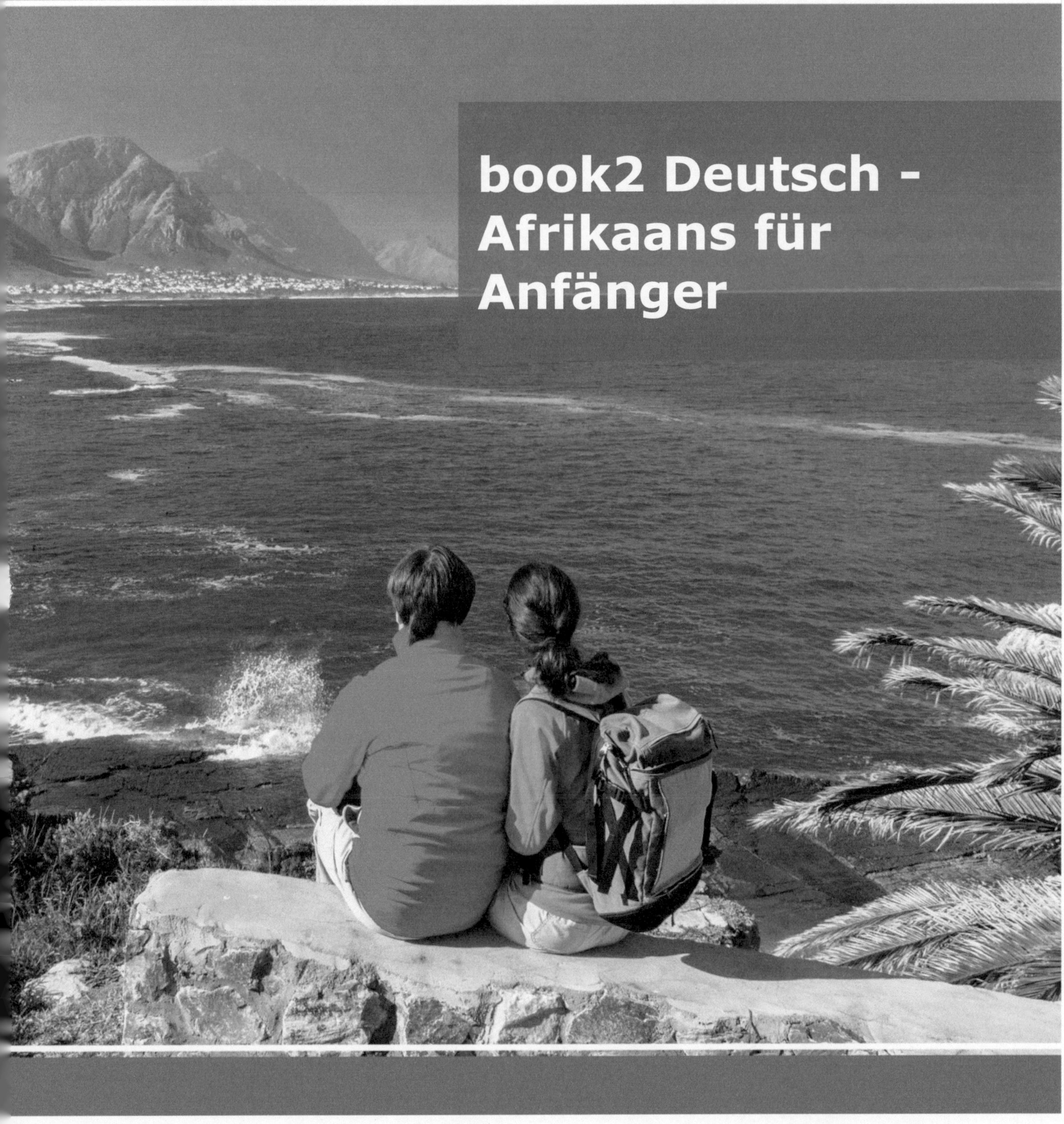

IMPRINT / IMPRESSUM

Johannes Schumann:
book2 Deutsch - Afrikaans für Anfänger
ISBN-13: 978-3-93-814143-4

© Copyright 2017 by Goethe Verlag GmbH, 50LANGUAGES LLC and licensors. All rights reserved. No part of this work may be reproduced or transmitted in any form or by any means, electronic or mechanical, including photocopying and recording, or by any information storage or retrieval system without the prior written permission of Goethe Verlag GmbH or 50LANGUAGES LLC unless such copying is expressly permitted by federal copyright law.

© Copyright 2017 Goethe Verlag GmbH, 50LANGUAGES LLC und Lizenzgeber. Alle Rechte vorbehalten, auch die der fotomechanischen Wiedergabe und der Speicherung in elektronischen Medien. Jede Verwendung in anderen als den gesetzlich zugelassenen Fällen bedarf der schriftlichen Einwilligung der Goethe Verlag GmbH oder 50LANGUAGES LLC.

© santosha57 / Fotolia

Inquiries / Anfragen:
info@50languages.com
info@goethe-verlag.com

Inhalt

1 [eins]

Personen

1 [een]

Persone

ich	ek
ich und du	ek en jy
wir beide	ons albei
er	hy
er und sie	hy en sy
sie beide	hulle albei
der Mann	die man
die Frau	die vrou
das Kind	die kind
eine Familie	’n familie
meine Familie	my familie
Meine Familie ist hier.	My familie is hier.
Ich bin hier.	Ek is hier.
Du bist hier.	Jy is hier.
Er ist hier und sie ist hier.	Hy is hier en sy is hier.
Wir sind hier.	Ons is hier.
Ihr seid hier.	Julle is hier.
Sie sind alle hier.	Hulle is almal hier.

2 [zwei]

Familie

2 [twee]

Familielede

der Großvater die Großmutter er und sie	die oupa die ouma hy en sy
der Vater die Mutter er und sie	die pa / vader die ma / moeder hy en sy
der Sohn die Tochter er und sie	die seun die dogter hy en sy
der Bruder die Schwester er und sie	die broer die suster hy en sy
der Onkel die Tante er und sie	die oom die tante / tannie hy en sy
Wir sind eine Familie. Die Familie ist nicht klein. Die Familie ist groß.	Ons is 'n familie. Die familie is nie klein nie. Die familie is groot.

3 [drei]

Kennen lernen

3 [drie]

Leer ken / ontmoet

Hallo!
Guten Tag!
Wie geht's?

Hallo!
Goeie dag!
Hoe gaan dit?

Kommen Sie aus Europa?
Kommen Sie aus Amerika?
Kommen Sie aus Asien?

Kom u uit Europa?
Kom u uit Amerika?
Kom u uit Asië?

In welchem Hotel wohnen Sie?
Wie lange sind Sie schon hier?
Wie lange bleiben Sie?

In watter hotel bly u?
Hoe lank is u al hier?
Hoe lank gaan u bly?

Gefällt es Ihnen hier?
Machen Sie hier Urlaub?
Besuchen Sie mich mal!

Geniet u dit hier?
Is u hier met vakansie?
Besoek my asseblief! / Kom kuier vir my!

Hier ist meine Adresse.
Sehen wir uns morgen?
Tut mir Leid, ich habe schon etwas vor.

Hier is my adres.
Sien ons mekaar môre?
Ek is jammer, maar ek het reeds planne.

Tschüs!
Auf Wiedersehen!
Bis bald!

Totsiens! / Mooi bly! / Mooi loop!
Totsiens!
Sien jou binnekort!

4 [vier]

4 [vier]

In der Schule

In die skool

Wo sind wir?
Wir sind in der Schule.
Wir haben Unterricht.

Waar is ons?
Ons is by die skool.
Ons is besig met 'n les.

Das sind die Schüler.
Das ist die Lehrerin.
Das ist die Klasse.

Dit is die leerlinge.
Dit is die onderwyser.
Dit is die klas.

Was machen wir?
Wir lernen.
Wir lernen eine Sprache.

Wat doen / maak ons?
Ons leer.
Ons leer 'n taal.

Ich lerne Englisch.
Du lernst Spanisch.
Er lernt Deutsch.

Ek leer Engels.
Jy leer Spaans.
Hy leer Duits.

Wir lernen Französisch.
Ihr lernt Italienisch.
Sie lernen Russisch.

Ons leer Frans.
Julle leer Italiaans.
Hulle leer Russies.

Sprachen lernen ist interessant.
Wir wollen Menschen verstehen.
Wir wollen mit Menschen sprechen.

Om tale te leer is interessant.
Ons wil mense verstaan.
Ons wil met mense praat.

5 [fünf]

Länder und Sprachen

5 [vyf]

Lande en tale

John ist aus London.
London liegt in Großbritannien.
Er spricht Englisch.

John kom van Londen (af).
Londen is in Groot-Brittanje.
Hy praat Engels.

Maria ist aus Madrid.
Madrid liegt in Spanien.
Sie spricht Spanisch.

Maria kom van Madrid (af).
Madrid is in Spanje.
Sy praat Spaans.

Peter und Martha sind aus Berlin.
Berlin liegt in Deutschland.
Sprecht ihr beide Deutsch?

Peter en Martha kom van Berlyn (af).
Berlyn is in Duitsland.
Praat julle albei Duits?

London ist eine Hauptstadt.
Madrid und Berlin sind auch Hauptstädte.
Die Hauptstädte sind groß und laut.

Londen is 'n hoofstad.
Madrid en Berlyn is ook hoofstede.
Hoofstede is groot en lawaaierig.

Frankreich liegt in Europa.
Ägypten liegt in Afrika.
Japan liegt in Asien.

Frankryk is in Europa.
Egipte is in Afrika.
Japan is in Asië.

Kanada liegt in Nordamerika.
Panama liegt in Mittelamerika.
Brasilien liegt in Südamerika.

Kanada is in Noord-Amerika.
Panama is in Sentraal-Amerika.
Brasilië is in Suid-Amerika.

6 [sechs]

Lesen und schreiben

6 [ses]

Lees en skryf

Ich lese.
Ich lese einen Buchstaben.
Ich lese ein Wort.

Ek lees.
Ek lees 'n letter.
Ek lees 'n woord.

Ich lese einen Satz.
Ich lese einen Brief.
Ich lese ein Buch.

Ek lees 'n sin.
Ek lees 'n brief.
Ek lees 'n boek.

Ich lese.
Du liest.
Er liest.

Ek lees.
Jy lees.
Hy lees.

Ich schreibe.
Ich schreibe einen Buchstaben.
Ich schreibe ein Wort.

Ek skryf.
Ek skryf 'n letter.
Ek skryf 'n woord.

Ich schreibe einen Satz.
Ich schreibe einen Brief.
Ich schreibe ein Buch.

Ek skryf 'n sin.
Ek skryf 'n brief.
Ek skryf 'n boek.

Ich schreibe.
Du schreibst.
Er schreibt.

Ek skryf.
Jy skryf.
Hy skryf.

7 [sieben] | 7 [sewe]

Zahlen | Getalle

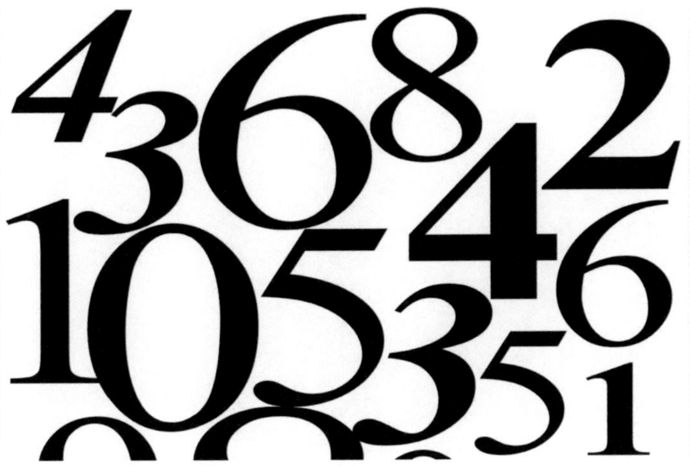

Ich zähle:
eins, zwei, drei
Ich zähle bis drei.

Ek tel:
een, twee, drie
Ek tel tot drie.

Ich zähle weiter:
vier, fünf, sechs,
sieben, acht, neun

Ek tel verder:
vier, vyf, ses,
sewe, agt, nege

Ich zähle.
Du zählst.
Er zählt.

Ek tel.
Jy tel.
Hy tel.

Eins. Der Erste.
Zwei. Der Zweite.
Drei. Der Dritte.

Een. Die eerste.
Twee. Die tweede.
Drie. Die derde.

Vier. Der Vierte.
Fünf. Der Fünfte.
Sechs. Der Sechste.

Vier. Die vierde.
Vyf. Die vyfde.
Ses. Die sesde.

Sieben. Der Siebte.
Acht. Der Achte.
Neun. Der Neunte.

Sewe. Die sewende.
Agt. Die agtste.
Nege. Die negende.

8 [acht]

Uhrzeiten

8 [agt]

Die tyd

Entschuldigen Sie!
Wie viel Uhr ist es, bitte?
Danke vielmals.

Verskoon my!
Hoe laat is dit, asseblief?
Baie dankie.

Es ist ein Uhr.
Es ist zwei Uhr.
Es ist drei Uhr.

Dit is eenuur.
Dit is twee-uur.
Dit is drie-uur.

Es ist vier Uhr.
Es ist fünf Uhr.
Es ist sechs Uhr.

Dit is vieruur.
Dit is vyfuur.
Dit is sesuur.

Es ist sieben Uhr.
Es ist acht Uhr.
Es ist neun Uhr.

Dit is sewe-uur.
Dit is agtuur.
Dit is nege-uur.

Es ist zehn Uhr.
Es ist elf Uhr.
Es ist zwölf Uhr.

Dit is tienuur.
Dit is elfuur.
Dit is twaalfuur.

Eine Minute hat sechzig Sekunden.
Eine Stunde hat sechzig Minuten.
Ein Tag hat vierundzwanzig Stunden.

Een minuut het sestig sekondes.
Een uur het sestig minute.
Een dag het vier en twintig ure.

9 [neun]

Wochentage

9 [nege]

Weeksdae

der Montag	Maandag
der Dienstag	Dinsdag
der Mittwoch	Woensdag
der Donnerstag	Donderdag
der Freitag	Vrydag
der Samstag	Saterdag
der Sonntag	Sondag
die Woche	die week
von Montag bis Sonntag	van Maandag tot Sondag
Der erste Tag ist Montag.	Die eerste dag is Maandag.
Der zweite Tag ist Dienstag.	Die tweede dag is Dinsdag.
Der dritte Tag ist Mittwoch.	Die derde dag is Woensdag.
Der vierte Tag ist Donnerstag.	Die vierde dag is Donderdag.
Der fünfte Tag ist Freitag.	Die vyfde dag is Vrydag.
Der sechste Tag ist Samstag.	Die sesde dag is Saterdag.
Der siebte Tag ist Sonntag.	Die sewende dag is Sondag.
Die Woche hat sieben Tage.	Die week het sewe dae.
Wir arbeiten nur fünf Tage.	Ons werk net vyf dae.

10 [zehn]

Gestern – heute – morgen

10 [tien]

Gister – vandag – môre

Gestern war Samstag.
Gestern war ich im Kino.
Der Film war interessant.

Gister was Saterdag.
Gister was ek in die bioskoop.
Die rolprent was interessant.

Heute ist Sonntag.
Heute arbeite ich nicht.
Ich bleibe zu Hause.

Vandag is Sondag.
Vandag werk ek nie.
Ek bly tuis. / Ek bly by die huis.

Morgen ist Montag.
Morgen arbeite ich wieder.
Ich arbeite im Büro.

Môre is Maandag.
Môre werk ek weer.
Ek werk op kantoor.

Wer ist das?
Das ist Peter.
Peter ist Student.

Wie is dit?
Dit is Peter.
Peter is ’n student.

Wer ist das?
Das ist Martha.
Martha ist Sekretärin.

Wie is dit?
Dit is Martha.
Martha is ’n sekretaresse.

Peter und Martha sind Freunde.
Peter ist der Freund von Martha.
Martha ist die Freundin von Peter.

Peter en Martha is vriende.
Peter is Martha se vriend.
Martha is Peter se vriendin.

11 [elf]

Monate

11 [elf]

Maande

der Januar
der Februar
der März

der April
der Mai
der Juni

Das sind sechs Monate.
Januar, Februar, März,
April, Mai und Juni.

der Juli
der August
der September

der Oktober
der November
der Dezember

Das sind auch sechs Monate.
Juli, August, September,
Oktober, November und Dezember.

Januarie
Februarie
Maart

April
Mei
Junie

Dit is ses maande.
Januarie, Februarie, Maart,
April, Mei en Junie.

Julie
Augustus
September

Oktober
November
Desember

Dit is ook ses maande.
Julie, Augustus, September,
Oktober, November, Desember.

12 [zwölf]

Getränke

12 [twaalf]

Drinkgoed / verversings

Ich trinke Tee. Ich trinke Kaffee. Ich trinke Mineralwasser.	Ek drink tee. Ek drink koffie. Ek drink mineraalwater.
Trinkst du Tee mit Zitrone? Trinkst du Kaffee mit Zucker? Trinkst du Wasser mit Eis?	Drink jy tee met suurlemoen? Drink jy koffie met suiker? Drink jy water met ys?
Hier ist eine Party. Die Leute trinken Sekt. Die Leute trinken Wein und Bier.	Daar is 'n partytjie hier. Die mense drink sjampanje. Die mense drink wyn en bier.
Trinkst du Alkohol? Trinkst du Whisky? Trinkst du Cola mit Rum?	Drink jy alkohol? Drink jy whisky? Drink jy coke met rum?
Ich mag keinen Sekt. Ich mag keinen Wein. Ich mag kein Bier.	Ek hou nie van sjampanje nie. Ek hou nie van wyn nie. Ek hou nie van bier nie.
Das Baby mag Milch. Das Kind mag Kakao und Apfelsaft. Die Frau mag Orangensaft und Grapefruitsaft.	Die baba hou van melk. Die kind hou van sjokolademelk en appelsap. Die vrou hou van lemoensap en pomelosap.

13 [dreizehn]

13 [dertien]

Tätigkeiten

Aktiwiteite

Was macht Martha?
Sie arbeitet im Büro.
Sie arbeitet am Computer.

Wat doen / maak Martha?
Sy werk op kantoor.
Sy werk op 'n rekenaar.

Wo ist Martha?
Im Kino.
Sie schaut sich einen Film an.

Waar is Martha?
In die bioskoop.
Sy kyk 'n rolprent.

Was macht Peter?
Er studiert an der Universität.
Er studiert Sprachen.

Wat doen Peter?
Hy studeer by die universiteit.
Hy studeer tale.

Wo ist Peter?
Im Café.
Er trinkt Kaffee.

Waar is Peter?
In die kafee.
Hy drink koffie.

Wohin gehen sie gern?
Ins Konzert.
Sie hören gern Musik.

Waarheen gaan hulle graag?
Na 'n konsert.
Hulle luister graag musiek.

Wohin gehen sie nicht gern?
In die Disco.
Sie tanzen nicht gern.

Waarheen gaan hulle nie graag nie?
Na die disko.
Hulle dans nie graag nie.

14 [vierzehn]

14 [veertien]

Farben

Kleure

Der Schnee ist weiß.
Die Sonne ist gelb.
Die Orange ist orange.

Die sneeu is wit.
Die son is geel.
Die lemoen is oranje.

Die Kirsche ist rot.
Der Himmel ist blau.
Das Gras ist grün.

Die kersie is rooi.
Die hemel is blou.
Die gras is groen.

Die Erde ist braun.
Die Wolke ist grau.
Die Reifen sind schwarz.

Die grond / aarde is bruin.
Die wolke is grys.
Die bande is swart.

Welche Farbe hat der Schnee? Weiß.
Welche Farbe hat die Sonne? Gelb.
Welche Farbe hat die Orange? Orange.

Watter kleur is die sneeu? Wit.
Watter kleur is die son? Geel.
Watter kleur is die lemoen? Oranje.

Welche Farbe hat die Kirsche? Rot.
Welche Farbe hat der Himmel? Blau.
Welche Farbe hat das Gras? Grün.

Watter kleur is die kersie? Rooi.
Watter kleur is die hemel? Blou.
Watter kleur is die gras? Groen.

Welche Farbe hat die Erde? Braun.
Welche Farbe hat die Wolke? Grau.
Welche Farbe haben die Reifen? Schwarz.

Watter kleur is die aarde? Bruin.
Watter kleur is die wolke? Grys.
Watter kleur is die bande? Swart.

15 [fünfzehn]

Früchte und Lebensmittel

15 [vyftien]

Vrugte en kos / voedsel

Ich habe eine Erdbeere.	Ek het 'n aarbei.
Ich habe eine Kiwi und eine Melone.	Ek het 'n kiwivrug en 'n spanspek.
Ich habe eine Orange und eine Grapefruit.	Ek het 'n lemoen en 'n pomelo.
Ich habe einen Apfel und eine Mango.	Ek het 'n appel en 'n veselperske / mango.
Ich habe eine Banane und eine Ananas.	Ek het 'n piesang en 'n pynappel.
Ich mache einen Obstsalat.	Ek maak 'n vrugteslaai.
Ich esse einen Toast.	Ek eet roosterbrood.
Ich esse einen Toast mit Butter.	Ek eet roosterbrood met botter.
Ich esse einen Toast mit Butter und Marmelade.	Ek eet roosterbrood met botter en konfyt.
Ich esse ein Sandwich.	Ek eet 'n toebroodjie.
Ich esse ein Sandwich mit Margarine.	Ek eet 'n toebroodjie met margarien.
Ich esse ein Sandwich mit Margarine und Tomate.	Ek eet 'n toebroodjie met margarien en tamatie.
Wir brauchen Brot und Reis.	Ons het brood en rys nodig.
Wir brauchen Fisch und Steaks.	Ons het vis en biefstuk / steak nodig.
Wir brauchen Pizza und Spagetti.	Ons het pizza en spaghetti nodig.
Was brauchen wir noch?	Wat het ons nodig?
Wir brauchen Karotten und Tomaten für die Suppe.	Ons het wortels en tamaties vir die sop nodig.
Wo ist ein Supermarkt?	Waar is 'n supermark?

16 [sechzehn]

Jahreszeiten und Wetter

16 [sestien]

Seisoene en weer

Das sind die Jahreszeiten:
Der Frühling, der Sommer,
der Herbst und der Winter.

Dit is die seisoene:
Lente, somer,
herfs, winter.

Der Sommer ist heiß.
Im Sommer scheint die Sonne.
Im Sommer gehen wir gern spazieren.

Die somer is warm.
In die somer skyn die son.
In die somer gaan stap ons graag.

Der Winter ist kalt.
Im Winter schneit oder regnet es.
Im Winter bleiben wir gern zu Hause.

Die winter is koud.
In die winter sneeu of reën dit.
In die winter bly ons graag tuis.

Es ist kalt.
Es regnet.
Es ist windig.

Dit is koud.
Dit reën.
Dit is winderig.

Es ist warm.
Es ist sonnig.
Es ist heiter.

Dit is warm.
Dit is sonnig.
Dit is helder.

Wie ist das Wetter heute?
Es ist kalt heute.
Es ist warm heute.

Hoe is die weer vandag?
Dit is koud vandag.
Dit is warm vandag.

17 [siebzehn]

17 [sewentien]

Im Haus

In en om die huis

Hier ist unser Haus.	Ons huis is hier.
Oben ist das Dach.	Bo is die dak.
Unten ist der Keller.	Onder is die kelder.
Hinter dem Haus ist ein Garten.	Agter die huis is 'n tuin.
Vor dem Haus ist keine Straße.	Voor die huis is daar nie 'n straat nie.
Neben dem Haus sind Bäume.	Langs die huis is daar bome.
Hier ist meine Wohnung.	Hier is my woonstel.
Hier ist die Küche und das Bad.	Hier is die kombuis en die badkamer.
Dort sind das Wohnzimmer und das Schlafzimmer.	Daar is die woonkamer en die slaapkamer.
Die Haustür ist geschlossen.	Die voordeur is gesluit.
Aber die Fenster sind offen.	Maar die vensters is oop.
Es ist heiß heute.	Dit is warm vandag.
Wir gehen in das Wohnzimmer.	Ons gaan woonkamer toe.
Dort sind ein Sofa und ein Sessel.	Daar is 'n rusbank en 'n leunstoel.
Setzen Sie sich!	Sit, asseblief!
Dort steht mein Computer.	Daar staan my rekenaar.
Dort steht meine Stereoanlage.	Daar staan my hoëtroustel.
Der Fernseher ist ganz neu.	Die televisie is splinternuut.

18 [achtzehn]

18 [agttien]

Hausputz

Huis skoonmaak

Heute ist Samstag.
Heute haben wir Zeit.
Heute putzen wir die Wohnung.

Vandag is Saterdag.
Vandag het ons tyd.
Vandag maak ons huis skoon.

Ich putze das Bad.
Mein Mann wäscht das Auto.
Die Kinder putzen die Fahrräder.

Ek maak die badkamer skoon.
My man was die kar.
Die kinders maak die fietse skoon.

Oma gießt die Blumen.
Die Kinder räumen das Kinderzimmer auf.
Mein Mann räumt seinen Schreibtisch auf.

Ouma gee die blomme water.
Die kinders maak die kinderkamer skoon.
My man ruim sy lessenaar op.

Ich stecke die Wäsche in die Waschmaschine.
Ich hänge die Wäsche auf.
Ich bügele die Wäsche.

Ek sit die wasgoed in die wasmasjien.
Ek hang die wasgoed op.
Ek stryk die klere.

Die Fenster sind schmutzig.
Der Fußboden ist schmutzig.
Das Geschirr ist schmutzig.

Die venster is vuil.
Die vloer is vuil.
Die skottelgoed is vuil.

Wer putzt die Fenster?
Wer saugt Staub?
Wer spült das Geschirr?

Wie was die vensters?
Wie stofsuig?
Wie was die skottelgoed?

19 [neunzehn]

19 [negentien]

In der Küche

In die kombuis

Hast du eine neue Küche?	Het jy ’n nuwe kombuis?
Was willst du heute kochen?	Wat wil jy vandag kook?
Kochst du elektrisch oder mit Gas?	Kook jy op ’n elektriese of gasstoof?
Soll ich die Zwiebeln schneiden?	Moet ek die uie sny?
Soll ich die Kartoffeln schälen?	Moet ek die aartappels skil?
Soll ich den Salat waschen?	Moet ek die blaarslaai was?
Wo sind die Gläser?	Waar is die glase?
Wo ist das Geschirr?	Waar is die borde?
Wo ist das Besteck?	Waar is die messegoed?
Hast du einen Dosenöffner?	Het jy ’n blikoopmaker?
Hast du einen Flaschenöffner?	Het jy ’n botteloopmaker?
Hast du einen Korkenzieher?	Het jy ’n kurktrekker?
Kochst du die Suppe in diesem Topf?	Kook jy die sop in hierdie pot?
Brätst du den Fisch in dieser Pfanne?	Braai jy die vis in hierdie pan?
Grillst du das Gemüse auf diesem Grill?	Rooster jy die groente op hierdie / dié rooster?
Ich decke den Tisch.	Ek dek die tafel.
Hier sind die Messer, Gabeln und Löffel.	Hier is die messe, vurke en lepels.
Hier sind die Gläser, die Teller und die Servietten.	Hier is die glase, die borde en die servette.

20 [zwanzig]

Small Talk 1

20 [twintig]

Geselsies 1

Machen Sie es sich bequem! Fühlen Sie sich wie zu Hause! Was möchten Sie trinken?	Maak jouself gemaklik! Maak jouself tuis! Wat wil u drink?
Lieben Sie Musik? Ich mag klassische Musik. Hier sind meine CDs.	Hou u van musiek? Ek hou van klassieke musiek. Hier is my CDs.
Spielen Sie ein Instrument? Hier ist meine Gitarre. Singen Sie gern?	Speel u 'n musiek instrument? Hier is my kitaar. Sing u graag?
Haben Sie Kinder? Haben Sie einen Hund? Haben Sie eine Katze?	Het u kinders? Het u 'n hond? Het u 'n kat?
Hier sind meine Bücher. Ich lese gerade dieses Buch. Was lesen Sie gern?	Hier is my boeke. Ek lees op die oomblik hierdie boek. Wat lees u graag?
Gehen Sie gern ins Konzert? Gehen Sie gern ins Theater? Gehen Sie gern in die Oper?	Gaan u graag na konserte toe? Gaan u graag teater toe? Gaan u graag opera toe?

21
[einundzwanzig]

21 [een en twintig]

Small Talk 2

Geselsies 2

Woher kommen Sie?
Aus Basel.
Basel liegt in der Schweiz.

Waar kom u vandaan?
Van Basel.
Basel is in Switserland.

Darf ich Ihnen Herrn Müller vorstellen?
Er ist Ausländer.
Er spricht mehrere Sprachen.

Mag ek u voorstel aan Meneer Müller?
Hy is 'n buitelander.
Hy praat verskeie tale.

Sind Sie zum ersten Mal hier?
Nein, ich war schon letztes Jahr hier.
Aber nur eine Woche lang.

Is dit u eerste keer hier?
Nee, ek was laas jaar ook hier.
Maar net vir 'n week.

Wie gefällt es Ihnen bei uns?
Sehr gut. Die Leute sind nett.
Und die Landschaft gefällt mir auch.

Geniet jy jou hier?
Baie goed. Die mense is gaaf.
En ek hou ook van die landskap.

Was sind Sie von Beruf?
Ich bin Übersetzer.
Ich übersetze Bücher.

Wat is u beroep?
Ek is 'n vertaler.
Ek vertaal boeke.

Sind Sie allein hier?
Nein, meine Frau / mein Mann ist auch hier.
Und dort sind meine beiden Kinder.

Is u alleen hier?
Nee, my vrou / my man is ook hier.
En daar is my twee kinders.

22
[zweiundzwanzig]

Small Talk 3

22 [twee en twintig]

Geselsies 3

Rauchen Sie?	Rook u?
Früher ja.	Vroër ja.
Aber jetzt rauche ich nicht mehr.	Maar ek rook nie meer nie.
Stört es Sie, wenn ich rauche?	Pla dit u as ek rook?
Nein, absolut nicht.	Nee, glad nie.
Das stört mich nicht.	Dit pla my nie.
Trinken Sie etwas?	Drink u iets?
Einen Cognac?	'n Brandewyntjie?
Nein, lieber ein Bier.	Nee, liewer 'n bier.
Reisen Sie viel?	Reis u baie?
Ja, meistens sind das Geschäftsreisen.	Ja, meestal op besigheidreise.
Aber jetzt machen wir hier Urlaub.	Maar nou is ons hier met vakansie.
Was für eine Hitze!	Dit is baie warm!
Ja, heute ist es wirklich heiß.	Ja, vandag is dit beslis warm.
Gehen wir auf den Balkon.	Kom ons gaan balkon toe.
Morgen gibt es hier eine Party.	Daar is môre 'n partytjie hier.
Kommen Sie auch?	Kom u ook?
Ja, wir sind auch eingeladen.	Ja, ons was ook uitgenooi.

23 [dreiundzwanzig]

Fremdsprachen lernen

23 [drie en twintig]

Vreemde tale leer

Wo haben Sie Spanisch gelernt?	Waar het u Spaans geleer?
Können Sie auch Portugiesisch?	Kan u ook Portugees praat?
Ja, und ich kann auch etwas Italienisch.	Ja, en ek kan ook 'n bietjie Italiaans praat.
Ich finde, Sie sprechen sehr gut.	Ek dink u praat baie mooi (Spaans/Italiaans/...).
Die Sprachen sind ziemlich ähnlich.	Die tale is taamlik soortgelyk.
Ich kann sie gut verstehen.	Ek kan hulle goed verstaan.
Aber sprechen und schreiben ist schwer.	Maar praat en skryf is moeilik.
Ich mache noch viele Fehler.	Ek maak nog steeds baie foute.
Bitte korrigieren Sie mich immer.	Wys my altyd tereg asseblief.
Ihre Aussprache ist ganz gut.	U uitspraak is heel goed.
Sie haben einen kleinen Akzent.	U het net 'n effense aksent.
Man erkennt, woher Sie kommen.	Mens kan hoor waar u vandaan kom.
Was ist Ihre Muttersprache?	Wat is u moedertaal?
Machen Sie einen Sprachkurs?	Loop u 'n taalkursus?
Welches Lehrwerk benutzen Sie?	Watter handboek gebruik u?
Ich weiß im Moment nicht, wie das heißt.	Ek kan nie op die oomlik die naam onthou nie.
Mir fällt der Titel nicht ein.	Die titel het my ontglip.
Ich habe das vergessen.	Ek het dit vergeet.

24
[vierundzwanzig]

Verabredung

24 [vier en twintig]

Afspraak

Hast du den Bus verpasst?
Ich habe eine halbe Stunde auf dich gewartet.
Hast du kein Handy bei dir?

Het jy die bus verpas?
Ek het 'n halfuur (lank) vir jou gewag.
Het jy nie 'n selfoon by jou nie?

Sei das nächste Mal pünktlich!
Nimm das nächste Mal ein Taxi!
Nimm das nächste Mal einen Regenschirm mit!

Wees volgende keer betyds!
Neem volgende keer 'n taxi!
Neem volgende keer 'n sambreel saam!

Morgen habe ich frei.
Wollen wir uns morgen treffen?
Tut mir Leid, morgen geht es bei mir nicht.

Ek het môre af.
Ontmoet ons mekaar môre?
Ek is jammer, môre pas my nie.

Hast du dieses Wochenende schon etwas vor?
Oder bist du schon verabredet?
Ich schlage vor, wir treffen uns am Wochenende.

Het jy planne vir die naweek?
Of het jy reeds 'n afspraak?
Ek stel voor ons ontmoet mekaar die naweek.

Wollen wir Picknick machen?
Wollen wir an den Strand fahren?
Wollen wir in die Berge fahren?

Sal ons 'n piekniek hou?
Sal ons strand toe gaan?
Sal ons na die berge toe gaan?

Ich hole dich vom Büro ab.
Ich hole dich von zu Hause ab.
Ich hole dich an der Bushaltestelle ab.

Ek kom haal jou by die kantoor.
Ek kom haal jou by die huis.
Ek kom haal jou by die bushalte.

25
[fünfundzwanzig]

25 [vyf en twintig]

In der Stadt

In die stad

Ich möchte zum Bahnhof.
Ich möchte zum Flughafen.
Ich möchte ins Stadtzentrum.

Ek wil na die stasie toe gaan.
Ek wil na die lughawe toe gaan.
Ek wil na die middestad toe gaan.

Wie komme ich zum Bahnhof?
Wie komme ich zum Flughafen?
Wie komme ich ins Stadtzentrum?

Hoe kom ek by die stasie?
Hoe kom ek by die lughawe?
Hoe kom ek by die middestad?

Ich brauche ein Taxi.
Ich brauche einen Stadtplan.
Ich brauche ein Hotel.

Ek soek 'n taxi.
Ek soek 'n stadskaart.
Ek soek 'n hotel.

Ich möchte ein Auto mieten.
Hier ist meine Kreditkarte.
Hier ist mein Führerschein.

Ek wil graag 'n motor huur.
Hier is my kredietkaart.
Hier is my rybewys.

Was gibt es in der Stadt zu sehen?
Gehen Sie in die Altstadt.
Machen Sie eine Stadtrundfahrt.

Wat is daar te sien in die stad?
Gaan na die ou stad.
Gaan op 'n stadstoer.

Gehen Sie zum Hafen.
Machen Sie eine Hafenrundfahrt.
Welche Sehenswürdigkeiten gibt es außerdem noch?

Gaan na die hawe.
Gaan op 'n hawetoer.
Watter ander besienswaardighede is daar nog?

26 [sechsundzwanzig]

In der Natur

26 [ses en twintig]

In die natuur

Siehst du dort den Turm?
Siehst du dort den Berg?
Siehst du dort das Dorf?

Sien jy die toring daar anderkant?
Sien jy die berg daar anderkant?
Sien jy die dorp daar anderkant?

Siehst du dort den Fluss?
Siehst du dort die Brücke?
Siehst du dort den See?

Sien jy die rivier daar anderkant?
Sien jy die brug daar anderkant?
Sien jy die meer daar anderkant?

Der Vogel da gefällt mir.
Der Baum da gefällt mir.
Der Stein hier gefällt mir.

Ek hou van daardie voël.
Ek hou van daardie boom.
Ek hou van hierdie klip.

Der Park da gefällt mir.
Der Garten da gefällt mir.
Die Blume hier gefällt mir.

Ek hou van daardie parkie.
Ek hou van daardie tuin.
Ek hou van hierdie blom.

Ich finde das hübsch.
Ich finde das interessant.
Ich finde das wunderschön.

Dit is vir my mooi.
Dit is vir my interessant.
Dit is vir my pragtig.

Ich finde das hässlich.
Ich finde das langweilig.
Ich finde das furchtbar.

Dit is vir my lelik.
Dit is vir my vervelig.
Dit is vir my verskriklik.

27 [siebenundzwanzig]

Im Hotel – Ankunft

27 [sewe en twintig]

In die hotel – aankoms

Haben Sie ein Zimmer frei?	Het u vir my 'n kamer?
Ich habe ein Zimmer reserviert.	Ek het 'n kamer bespreek.
Mein Name ist Müller.	My naam is Müller.
Ich brauche ein Einzelzimmer.	Ek soek 'n enkelkamer.
Ich brauche ein Doppelzimmer.	Ek soek 'n dubbelkamer.
Wie viel kostet das Zimmer pro Nacht?	Hoeveel kos die kamer per nag?
Ich möchte ein Zimmer mit Bad.	Ek wil graag 'n kamer met 'n bad hê.
Ich möchte ein Zimmer mit Dusche.	Ek wil graag 'n kamer met 'n stort hê.
Kann ich das Zimmer sehen?	Kan ek die kamer besigtig?
Gibt es hier eine Garage?	Is daar 'n motorhuis hier?
Gibt es hier einen Safe?	Is daar 'n kluis hier?
Gibt es hier ein Fax?	Is daar 'n faks hier?
Gut, ich nehme das Zimmer.	Goed, ek neem die kamer.
Hier sind die Schlüssel.	Hier is die sleutels.
Hier ist mein Gepäck.	Hier is my bagasie.
Um wie viel Uhr gibt es Frühstück?	Hoe laat is ontbyt?
Um wie viel Uhr gibt es Mittagessen?	Hoe laat is middagete?
Um wie viel Uhr gibt es Abendessen?	Hoe laat is aandete?

28
[achtundzwanzig]

Im Hotel – Beschwerden

28 [agt en twintig]

In die hotel – klagtes

Die Dusche funktioniert nicht.	Die stort werk nie.
Es kommt kein warmes Wasser.	Daar is geen warm water nie.
Können Sie das reparieren lassen?	Kan u dit laat regmaak?
Es gibt kein Telefon im Zimmer.	Daar is nie 'n telefoon in die kamer nie.
Es gibt keinen Fernseher im Zimmer.	Daar is nie 'n televisie in die kamer nie.
Das Zimmer hat keinen Balkon.	Die kamer het nie 'n balkon nie.
Das Zimmer ist zu laut.	Die kamer is te lawaaierig.
Das Zimmer ist zu klein.	Die kamer is te klein.
Das Zimmer ist zu dunkel.	Die kamer is te donker.
Die Heizung funktioniert nicht.	Die verhitting werk nie.
Die Klimaanlage funktioniert nicht.	Die lugverkoeler werk nie.
Der Fernseher ist kaputt.	Die televisie is gebreek.
Das gefällt mir nicht.	Ek hou nie daarvan nie.
Das ist mir zu teuer.	Dit is te duur.
Haben Sie etwas Billigeres?	Het u iets goedkoper?
Gibt es hier in der Nähe eine Jugendherberge?	Is daar 'n jeugherberg in die nabyheid?
Gibt es hier in der Nähe eine Pension?	Is daar 'n gastehuis in die nabyheid?
Gibt es hier in der Nähe ein Restaurant?	Is daar 'n restaurant in die nabyheid?

29 [neunundzwanzig]

29 [nege en twintig]

Im Restaurant 1

In die restaurant 1

Ist der Tisch frei? | Is die tafel oop?
Ich möchte bitte die Speisekarte. | Ek wil graag die spyskaart hê asseblief.
Was können Sie empfehlen? | Wat kan u aanbeveel?

Ich hätte gern ein Bier. | Ek wil graag 'n bier hê.
Ich hätte gern ein Mineralwasser. | Ek wil graag 'n mineraalwater hê.
Ich hätte gern einen Orangensaft. | Ek wil graag 'n lemoensap hê.

Ich hätte gern einen Kaffee. | Ek wil graag 'n koffie hê.
Ich hätte gern einen Kaffee mit Milch. | Ek wil graag 'n koffie met melk hê.
Mit Zucker, bitte. | Met suiker, asseblief.

Ich möchte einen Tee. | Ek wil graag tee hê.
Ich möchte einen Tee mit Zitrone. | Ek wil graag tee met suurlemoen hê.
Ich möchte einen Tee mit Milch. | Ek wil graag tee met melk hê.

Haben Sie Zigaretten? | Het jy sigarette?
Haben Sie einen Aschenbecher? | Het jy 'n asbak?
Haben Sie Feuer? | Het jy 'n aansteker?

Mir fehlt eine Gabel. | Ek kort 'n vurk.
Mir fehlt ein Messer. | Ek kort 'n mes.
Mir fehlt ein Löffel. | Ek kort 'n lepel.

30 [dreißig]

Im Restaurant 2

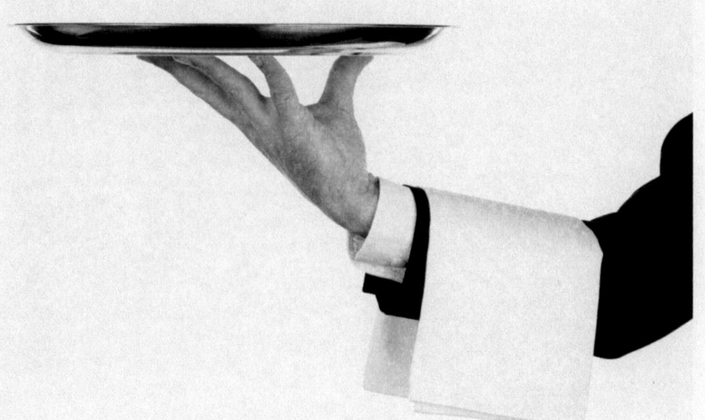

30 [dertig]

In die restaurant 2

Einen Apfelsaft, bitte.	’n appelsap, asseblief.
Eine Limonade, bitte.	’n limonade, asseblief.
Einen Tomatensaft, bitte.	’n tamatiesap, asseblief.
Ich hätte gern ein Glas Rotwein.	Ek wil graag ’n glas rooiwyn hê.
Ich hätte gern ein Glas Weißwein.	Ek wil graag ’n glas witwyn hê.
Ich hätte gern eine Flasche Sekt.	Ek wil graag ’n bottel sjampanje hê.
Magst du Fisch?	Hou jy van vis?
Magst du Rindfleisch?	Hou jy van beesvleis?
Magst du Schweinefleisch?	Hou jy van varkvleis?
Ich möchte etwas ohne Fleisch.	Ek wil graag iets sonder vleis hê.
Ich möchte eine Gemüseplatte.	Ek wil graag ’n groentebord hê.
Ich möchte etwas, was nicht lange dauert.	Ek wil graag iets hê wat nie lank gaan vat nie.
Möchten Sie das mit Reis?	Soek u rys daarby?
Möchten Sie das mit Nudeln?	Soek u pasta daarby?
Möchten Sie das mit Kartoffeln?	Soek u aartappels daarby?
Das schmeckt mir nicht.	Dit smaak sleg.
Das Essen ist kalt.	Die kos is koud.
Das habe ich nicht bestellt.	Ek het dit nie bestel nie.

31 [einunddreißig]

31 [een en dertig]

Im Restaurant 3

In die restaurant 3

Ich möchte eine Vorspeise.	Ek wil graag 'n voorgereg hê.
Ich möchte einen Salat.	Ek wil graag 'n slaai hê.
Ich möchte eine Suppe.	Ek wil graag sop hê.
Ich möchte einen Nachtisch.	Ek wil graag nagereg hê.
Ich möchte ein Eis mit Sahne.	Ek wil graag roomys met room hê.
Ich möchte Obst oder Käse.	Ek wil graag vrugte of kaas hê.
Wir möchten frühstücken.	Ons wil graag ontbyt hê.
Wir möchten zu Mittag essen.	Ons wil graag middagete hê.
Wir möchten zu Abend essen.	Ons wil graag aandete hê.
Was möchten Sie zum Frühstück?	Wat wil u vir ontbyt hê?
Brötchen mit Marmelade und Honig?	Broodrolletjies met konfyt en heuning?
Toast mit Wurst und Käse?	Roosterbrood met wors en kaas?
Ein gekochtes Ei?	'n Gekookte eier?
Ein Spiegelei?	'n Gebakte eier?
Ein Omelett?	'n Omelet?
Bitte noch einen Joghurt.	Nog 'n jogurt, asseblief.
Bitte noch Salz und Pfeffer.	Nog sout en peper, asseblief.
Bitte noch ein Glas Wasser.	Nog 'n glas water, asseblief.

32 [zweiunddreißig]

Im Restaurant 4

32 [twee en dertig]

In die restaurant 4

Einmal Pommes frites mit Ketchup.
Und zweimal mit Mayonnaise.
Und dreimal Bratwurst mit Senf.

'n Pakkie slaptjips met tamatiesous.
En twee met mayonnaise.
En drie worsies met mosterd.

Was für Gemüse haben Sie?
Haben Sie Bohnen?
Haben Sie Blumenkohl?

Watter groente het u?
Het u bone?
Het u blomkool?

Ich esse gern Mais.
Ich esse gern Gurken.
Ich esse gern Tomaten.

Ek eet graag mielies.
Ek eet graag komkommer.
Ek eet graag tamaties.

Essen Sie auch gern Lauch?
Essen Sie auch gern Sauerkraut?
Essen Sie auch gern Linsen?

Eet u ook graag prei?
Eet u ook graag suurkool?
Eet u ook graag lensies?

Isst du auch gern Karotten?
Isst du auch gern Brokkoli?
Isst du auch gern Paprika?

Eet jy ook graag wortels?
Eet jy ook graag brokkoli?
Eet jy ook graag soetrissie?

Ich mag keine Zwiebeln.
Ich mag keine Oliven.
Ich mag keine Pilze.

Ek hou nie van uie nie.
Ek hou nie van olywe nie.
Ek hou nie van sampioene nie.

33
[dreiunddreißig]

33 [drie en dertig]

Im Bahnhof

By die stasie

Wann fährt der nächste Zug nach Berlin?
Wann fährt der nächste Zug nach Paris?
Wann fährt der nächste Zug nach London?

Wanneer is die volgende trein na Berlyn?
Wanneer is die volgende trein na Parys?
Wanneer is die volgende trein na Londen?

Um wie viel Uhr fährt der Zug nach Warschau?
Um wie viel Uhr fährt der Zug nach Stockholm?
Um wie viel Uhr fährt der Zug nach Budapest?

Hoe laat vertrek die trein na Warskou?
Hoe laat vertrek die trein na Stockholm?
Hoe laat vertrek die trein na Boedapest?

Ich möchte eine Fahrkarte nach Madrid.
Ich möchte eine Fahrkarte nach Prag.
Ich möchte eine Fahrkarte nach Bern.

Ek wil graag 'n kaartjie na Madrid hê.
Ek wil graag 'n kaartjie na Praag hê.
Ek wil graag 'n kaartjie na Bern hê.

Wann kommt der Zug in Wien an?
Wann kommt der Zug in Moskau an?
Wann kommt der Zug in Amsterdam an?

Wanneer kom die trein in Wene aan?
Wanneer kom die trein in Moskou aan?
Wanneer kom die trein in Amsterdam aan?

Muss ich umsteigen?
Von welchem Gleis fährt der Zug ab?
Gibt es Schlafwagen im Zug?

Moet ek oorklim?
Vanaf watter perron vertrek die trein?
Het die trein slaapwaens?

Ich möchte nur die Hinfahrt nach Brüssel.
Ich möchte eine Rückfahrkarte nach Kopenhagen.
Was kostet ein Platz im Schlafwagen?

Ek wil graag 'n eenrigtingkaartjie na Brussel hê.
Ek wil graag 'n retoerkaartjie na Kopenhagen hê.
Hoeveel kos 'n plek in die slaapwa?

34 [vierunddreißig]

34 [vier en dertig]

Im Zug

In die trein

Ist das der Zug nach Berlin?
Wann fährt der Zug ab?
Wann kommt der Zug in Berlin an?

Is dit die trein na Berlyn?
Wanneer vertrek die trein?
Wanneer kom die trein in Berlyn aan?

Verzeihung, darf ich vorbei?
Ich glaube, das ist mein Platz.
Ich glaube, Sie sitzen auf meinem Platz.

Verskoon my, mag ek verby kom?
Ek dink dit is my sitplek.
Ek dink dat u in my sitplek sit.

Wo ist der Schlafwagen?
Der Schlafwagen ist am Ende des Zuges.
Und wo ist der Speisewagen? – Am Anfang.

Waar is die slaapwa?
Die slaapwa is aan die einde van die trein.
En waar is die eetwa? – Aan die voorkant van die trein.

Kann ich unten schlafen?
Kann ich in der Mitte schlafen?
Kann ich oben schlafen?

Mag ek onder slaap?
Mag ek in die middel slaap?
Mag ek bo slaap?

Wann sind wir an der Grenze?
Wie lange dauert die Fahrt nach Berlin?
Hat der Zug Verspätung?

Wanneer kom ons by die grens aan?
Hoe lank duur die rit na Berlyn?
Is die trein vertraag?

Haben Sie etwas zu lesen?
Kann man hier etwas zu essen und zu trinken bekommen?
Würden Sie mich bitte um 7.00 Uhr wecken?

Het u iets om te lees?
Kan mens hier iets te ete en te drinke kry?
Kan u my asseblief seweuur wakker maak?

35 [fünfunddreißig]

35 [vyf en dertig]

Am Flughafen

By die lughawe

Ich möchte einen Flug nach Athen buchen.
Ist das ein Direktflug?
Bitte einen Fensterplatz, Nichtraucher.

Ek wil graag 'n vlug na Athene bespreek.
Is dit 'n direkte vlug?
By 'n venster, nie-rook, asseblief.

Ich möchte meine Reservierung bestätigen.
Ich möchte meine Reservierung stornieren.
Ich möchte meine Reservierung umbuchen.

Ek wil graag my bespreking bevestig.
Ek wil graag my bespreking kanselleer.
Ek wil graag my bespreking verander.

Wann geht die nächste Maschine nach Rom?
Sind noch zwei Plätze frei?
Nein, wir haben nur noch einen Platz frei.

Wanneer is die volgende vlug na Rome?
Is daar nog twee sitplekke beskikbaar?
Nee, ons het nog net een sitplek beskikbaar.

Wann landen wir?
Wann sind wir da?
Wann fährt ein Bus ins Stadtzentrum?

Wanneer land ons?
Wanneer is ons daar?
Wanneer is daar 'n bus na die middestad?

Ist das Ihr Koffer?
Ist das Ihre Tasche?
Ist das Ihr Gepäck?

Is dit u koffer / tas?
Is dit u sak?
Is dit u bagasie?

Wie viel Gepäck kann ich mitnehmen?
Zwanzig Kilo.
Was, nur zwanzig Kilo?

Hoeveel bagasie mag ek saamneem?
Twintig kilos.
Wat? Net twintig kilos?

36
[sechsunddreißig]

Öffentlicher Nahverkehr

36 [ses en dertig]

Openbare vervoer

Wo ist die Bushaltestelle?	Waar is die bushalte?
Welcher Bus fährt ins Zentrum?	Watter bus gaan na die middestad?
Welche Linie muss ich nehmen?	Watter bus moet ek neem?
Muss ich umsteigen?	Moet ek oorklim?
Wo muss ich umsteigen?	Waar moet ek oorklim?
Was kostet ein Fahrschein?	Hoeveel kos 'n kaartjie?
Wie viele Haltestellen sind es bis zum Zentrum?	Hoeveel haltes is daar voor die middestad?
Sie müssen hier aussteigen.	U moet hier uitklim.
Sie müssen hinten aussteigen.	U moet agter uitklim.
Die nächste U-Bahn kommt in 5 Minuten.	Die volgende trein kom oor 5 minute.
Die nächste Straßenbahn kommt in 10 Minuten.	Die volgende trem kom oor 10 minute.
Der nächste Bus kommt in 15 Minuten.	Die volgende bus kom oor 15 minute.
Wann fährt die letzte U-Bahn?	Wanneer is die laaste moltrein?
Wann fährt die letzte Straßenbahn?	Wanneer is die laaste trem?
Wann fährt der letzte Bus?	Wanneer is die laaste bus?
Haben Sie einen Fahrschein?	Het u 'n kaartjie?
Einen Fahrschein? – Nein, ich habe keinen.	'n Kaartjie? – Nee, ek het nie 'n kaartjie nie.
Dann müssen Sie eine Strafe zahlen.	Dan moet u 'n boete betaal.

37
[siebenunddreißig]

Unterwegs

37 [sewe en dertig]

Onderweg

Er fährt mit dem Motorrad.
Er fährt mit dem Fahrrad.
Er geht zu Fuß.

Hy ry motorfiets.
Hy ry fiets.
Hy gaan te voet.

Er fährt mit dem Schiff.
Er fährt mit dem Boot.
Er schwimmt.

Hy vaar met 'n skip.
Hy vaar met 'n boot.
Hy swem.

Ist es hier gefährlich?
Ist es gefährlich, allein zu trampen?
Ist es gefährlich, nachts spazieren zu gehen?

Is dit hier gevaarlik?
Is dit gevaarlik om alleen te ryloop?
Is dit gevaarlik om te gaan stap in die aand?

Wir haben uns verfahren.
Wir sind auf dem falschen Weg.
Wir müssen umkehren.

Ons het verdwaal.
Ons is op die verkeerde pad.
Ons moet omdraai.

Wo kann man hier parken?
Gibt es hier einen Parkplatz?
Wie lange kann man hier parken?

Waar kan mens hier parkeer?
Is hier 'n parkeerarea?
Hoe lank kan mens hier parkeer?

Fahren Sie Ski?
Fahren Sie mit dem Skilift nach oben?
Kann man hier Ski leihen?

Ski u?
Gaan u met die skihyser na bo?
Kan mens hier ski's huur?

38
[achtunddreißig]

Im Taxi

38 [agt en dertig]

In die taxi

Rufen Sie bitte ein Taxi.	Bel asseblief 'n taxi.
Was kostet es bis zum Bahnhof?	Hoeveel kos dit na die stasie?
Was kostet es bis zum Flughafen?	Hoeveel kos dit na die lughawe?
Bitte geradeaus.	Gaan asseblief reguit vorentoe.
Bitte hier nach rechts.	Draai asseblief hier regs.
Bitte dort an der Ecke nach links.	Draai asseblief links by die hoek.
Ich habe es eilig.	Ek is haastig.
Ich habe Zeit.	Ek het tyd.
Fahren Sie bitte langsamer.	Ry asseblief stadiger.
Halten Sie hier bitte.	Stop asseblief hier.
Warten Sie bitte einen Moment.	Wag asseblief 'n oomblik.
Ich bin gleich zurück.	Ek is nou-nou terug.
Bitte geben Sie mir eine Quittung.	Gee asseblief vir my 'n kwitansie.
Ich habe kein Kleingeld.	Ek het nie kleingeld nie.
Es stimmt so, der Rest ist für Sie.	Dis in die haak, hou asseblief die kleingeld.
Fahren Sie mich zu dieser Adresse.	Kan u my na hierdie adres neem?
Fahren Sie mich zu meinem Hotel.	Kan u my na my hotel neem?
Fahren Sie mich zum Strand.	Kan u my na die strand neem?

39
[neununddreißig]

Autopanne

39 [nege en dertig]

Kar het gaan staan

Wo ist die nächste Tankstelle?
Ich habe einen Platten.
Können Sie das Rad wechseln?

Waar is die naaste vulstasie?
Ek het 'n pap wiel.
Kan u die wiel omruil?

Ich brauche ein paar Liter Diesel.
Ich habe kein Benzin mehr.
Haben Sie einen Reservekanister?

Ek het 'n paar liter diesel nodig.
Ek het nie meer brandstof nie.
Het u 'n brandstofkannetjie?

Wo kann ich telefonieren?
Ich brauche einen Abschleppdienst.
Ich suche eine Werkstatt.

Waar kan ek 'n oproep maak?
Ek het 'n insleepdiens nodig.
Ek is op soek na 'n werkswinkel.

Es ist ein Unfall passiert.
Wo ist das nächste Telefon?
Haben Sie ein Handy bei sich?

Daar was 'n ongeluk.
Waar is die naaste telefoon?
Het u 'n selfoon by u?

Wir brauchen Hilfe.
Rufen Sie einen Arzt!
Rufen Sie die Polizei!

Ons het hulp nodig.
Bel 'n dokter!
Bel die polisie!

Ihre Papiere, bitte.
Ihren Führerschein, bitte.
Ihren Kfz-Schein, bitte.

U dokumente asseblief.
U rybewys asseblief.
U motorregistrasie asseblief.

40 [vierzig]

Nach dem Weg fragen

40 [veertig]

Aanwysings vra

Entschuldigen Sie! Können Sie mir helfen? Wo gibt es hier ein gutes Restaurant?	Verskoon my! Kan u my help? Waar is daar 'n goeie restaurant hier?
Gehen Sie links um die Ecke. Gehen Sie dann ein Stück geradeaus. Gehen Sie dann hundert Meter nach rechts.	U gaan links om die hoek. Dan hou u reguit vir 'n rukkie. Dan hou u regs vir 'n honderd meter.
Sie können auch den Bus nehmen. Sie können auch die Straßenbahn nehmen. Sie können auch einfach hinter mir herfahren.	U kan ook die bus neem. U kan ook die trem neem. U kan ook maar eenvoudig agter my aan ry.
Wie komme ich zum Fußballstadion? Überqueren Sie die Brücke! Fahren Sie durch den Tunnel!	Hoe kom ek by die sokkerstadium? Steek die brug oor! Gaan deur die tonnel!
Fahren Sie bis zur dritten Ampel. Biegen Sie dann die erste Straße rechts ab. Fahren Sie dann geradeaus über die nächste Kreuzung.	Ry tot by die derde verkeerslig. Draai by die eerste straat regs. Hou reguit tot by die volgende kruising.
Entschuldigung, wie komme ich zum Flughafen? Am besten nehmen Sie die U-Bahn. Fahren Sie einfach bis zur Endstation.	Verskoon my, hoe kom ek by die lughawe? Dit is beter om met die trein te gaan. U ry eenvoudig tot die laaste stasie.

41 [einundvierzig]

41 [een en veertig]

Orientierung

Waar is ...?

Wo ist das Fremdenverkehrsamt? | Waar is die toerismekantoor?
Haben Sie einen Stadtplan für mich? | Het u 'n stadskaart vir my?
Kann man hier ein Hotelzimmer reservieren? | Kan mens hier 'n kamer bespreek?

Wo ist die Altstadt? | Waar is die ou stad?
Wo ist der Dom? | Waar is die katedraal?
Wo ist das Museum? | Waar is die museum?

Wo gibt es Briefmarken zu kaufen? | Waar kan mens seëls koop?
Wo gibt es Blumen zu kaufen? | Waar kan mens blomme koop?
Wo gibt es Fahrkarten zu kaufen? | Waar kan mens kaartjies koop?

Wo ist der Hafen? | Waar is die hawe?
Wo ist der Markt? | Waar is die mark?
Wo ist das Schloss? | Waar is die kasteel?

Wann beginnt die Führung? | Wanneer begin die toer?
Wann endet die Führung? | Wanneer eindig die toer?
Wie lange dauert die Führung? | Hoe lank is die toer?

Ich möchte einen Führer, der Deutsch spricht. | Ek wil graag 'n gids hê wat Duits kan praat.
Ich möchte einen Führer, der Italienisch spricht. | Ek wil graag 'n gids hê wat Italiaans kan praat.
Ich möchte einen Führer, der Französisch spricht. | Ek wil graag 'n gids hê wat Frans kan praat.

42
[zweiundvierzig]

Stadtbesichtigun
g

42 [twee en
veertig]

Stadstoer

Ist der Markt sonntags geöffnet?
Ist die Messe montags geöffnet?
Ist die Ausstellung dienstags geöffnet?

Is die mark Sondae oop?
Is die fees Maandae oop?
Is die tentoonstelling Dinsdae oop?

Hat der Zoo mittwochs geöffnet?
Hat das Museum donnerstags geöffnet?
Hat die Galerie freitags geöffnet?

Is die dieretuin Woensdae oop?
Is die museum Donderdae oop?
Is die gallery Vrydae oop?

Darf man fotografieren?
Muss man Eintritt bezahlen?
Wie viel kostet der Eintritt?

Mag mens foto's neem?
Moet mens toegang betaal?
Hoeveel is die toegang?

Gibt es eine Ermäßigung für Gruppen?
Gibt es eine Ermäßigung für Kinder?
Gibt es eine Ermäßigung für Studenten?

Is daar 'n afslag vir groepe?
Is daar 'n afslag vir kinders?
Is daar 'n afslag vir studente?

Was für ein Gebäude ist das?
Wie alt ist das Gebäude?
Wer hat das Gebäude gebaut?

Watse gebou is dit?
Hoe oud is die gebou?
Wie het die gebou gebou?

Ich interessiere mich für Architektur.
Ich interessiere mich für Kunst.
Ich interessiere mich für Malerei.

Ek stel belang in argitektuur.
Ek stel belang in kuns.
Ek stel belang in skilderkuns.

43 [dreiundvierzig]

43 [drie en veertig]

Im Zoo

By die dieretuin

Dort ist der Zoo.	Daar is die dieretuin.
Dort sind die Giraffen.	Daar is die kameelperde.
Wo sind die Bären?	Waar is die bere?
Wo sind die Elefanten?	Waar is die olifante?
Wo sind die Schlangen?	Waar is die slange?
Wo sind die Löwen?	Waar is die leeus?
Ich habe einen Fotoapparat.	Ek het ’n kamera.
Ich habe auch eine Filmkamera.	Ek het ook ’n video kamera.
Wo ist eine Batterie?	Waar is 'n battery?
Wo sind die Pinguine?	Waar is die pikkewyne?
Wo sind die Kängurus?	Waar is die kangaroes?
Wo sind die Nashörner?	Waar is die renosters?
Wo ist eine Toilette?	Waar is die kleedkamers?
Dort ist ein Café.	Daar is ’n winkel.
Dort ist ein Restaurant.	Daar is ’n restaurant.
Wo sind die Kamele?	Waar is die kamele?
Wo sind die Gorillas und die Zebras?	Waar is die gorillas en die sebras?
Wo sind die Tiger und die Krokodile?	Waar is die tiere en die krokodille?

44 [vierundvierzig]

Abends ausgehen

44 [vier en veertig]

Saans uitgaan

Gibt es hier eine Diskothek?
Gibt es hier einen Nachtclub?
Gibt es hier eine Kneipe?

Is daar 'n disko hier?
Is daar 'n nagklub hier?
Is daar 'n kroeg hier?

Was gibt es heute Abend im Theater?
Was gibt es heute Abend im Kino?
Was gibt es heute Abend im Fernsehen?

Wat speel vanaand in die teater?
Wat draai vanaand in die bioskoop?
Wat's vanaand op die televisie (tv)?

Gibt es noch Karten fürs Theater?
Gibt es noch Karten fürs Kino?
Gibt es noch Karten für das Fußballspiel?

Is daar nog kaartjies beskikbaar vir die teater?
Is daar nog kaartjies beskikbaar vir die bioskoop?
Is daar nog kaartjies beskikbaar vir die sokker?

Ich möchte ganz hinten sitzen.
Ich möchte irgendwo in der Mitte sitzen.
Ich möchte ganz vorn sitzen.

Ek wil graag heel agter sit.
Ek wil graag iewers in die middel sit.
Ek wil graag heel voor sit.

Können Sie mir etwas empfehlen?
Wann beginnt die Vorstellung?
Können Sie mir eine Karte besorgen?

Kan u iets aanbeveel?
Wanneer begin die vertoning?
Kan u vir my 'n kaartjie kry?

Ist hier in der Nähe ein Golfplatz?
Ist hier in der Nähe ein Tennisplatz?
Ist hier in der Nähe ein Hallenbad?

Is daar 'n gholfbaan in die nabyheid?
Is daar 'n tennisbaan in die nabyheid?
Is daar 'n binnenshuise swembad in die nabyheid?

45 [fünfundvierzig]

Im Kino

45 [vyf en veertig]

In die bioskoop

Wir wollen ins Kino.
Heute läuft ein guter Film.
Der Film ist ganz neu.

Ons wil bioskoop toe gaan.
Vandag draai daar 'n goeie rolprent.
Die rolprent is splinternuut.

Wo ist die Kasse?
Gibt es noch freie Plätze?
Was kosten die Eintrittskarten?

Waar is die betaalpunt?
Is daar nog sitplekke beskikbaar?
Hoeveel kos die kaartjies?

Wann beginnt die Vorstellung?
Wie lange dauert der Film?
Kann man Karten reservieren?

Wanneer begin die vertoning?
Hoe lank duur die film?
Kan mens kaartjies bespreek?

Ich möchte hinten sitzen.
Ich möchte vorn sitzen.
Ich möchte in der Mitte sitzen.

Ek wil graag agter sit.
Ek wil graag voor sit.
Ek wil graag in die middel sit.

Der Film war spannend.
Der Film war nicht langweilig.
Aber das Buch zum Film war besser.

Die rolprent was spannend / opwindend.
Die rolprent was nie vervelig nie.
Maar die boek waarop die rolprent gebasseer was, is beter.

Wie war die Musik?
Wie waren die Schauspieler?
Gab es Untertitel in englischer Sprache?

Hoe was die musiek?
Wie was die akteurs?
Was daar Engelse onderskrifte?

46 [sechsundvierzig]

46 [ses en veertig]

In der Diskothek

In die disko

Ist der Platz hier frei?
Darf ich mich zu Ihnen setzen?
Gern.

Is die stoel oop?
Mag ek hier sit?
Graag.

Wie finden Sie die Musik?
Ein bisschen zu laut.
Aber die Band spielt ganz gut.

Wat dink u van die musiek?
'n Bietjie te hard.
Maar die groep speel heel goed.

Sind Sie öfter hier?
Nein, das ist das erste Mal.
Ich war noch nie hier.

Kom u gereeld hiernatoe?
Nee, dit is die eerste keer.
Ek was nog nooit tevore hier nie.

Tanzen Sie?
Später vielleicht.
Ich kann nicht so gut tanzen.

Dans u?
Miskien later.
Ek kan nie so goed dans nie.

Das ist ganz einfach.
Ich zeige es Ihnen.
Nein, lieber ein anderes Mal.

Dit is heel maklik.
Ek sal u wys.
Nee, liewer 'n ander keer.

Warten Sie auf jemand?
Ja, auf meinen Freund.
Da hinten kommt er ja!

Wag u vir iemand?
Ja, vir my kêrel.
Daar kom hy nou!

47
[siebenundvierzig]

Reisevorbereitu
ngen

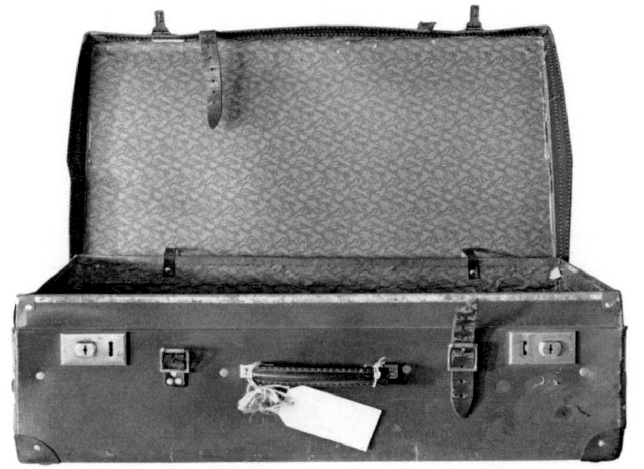

47 [sewe en
veertig]

Reisvoorbereidin
g

Du musst unseren Koffer packen!	Jy moet ons koffers pak!
Du darfst nichts vergessen!	Jy mag niks vergeet nie!
Du brauchst einen großen Koffer!	Jy het 'n groot koffer nodig!
Vergiss nicht den Reisepass!	Moenie die paspoort vergeet nie!
Vergiss nicht das Flugticket!	Moenie die vliegtuigkaartjie vergeet nie!
Vergiss nicht die Reiseschecks!	Moenie die reisigerstjeks vergeet nie!
Nimm Sonnencreme mit.	Neem sonbrandroom saam.
Nimm die Sonnenbrille mit.	Neem jou sonbril saam.
Nimm den Sonnenhut mit.	Neem jou sonhoed saam.
Willst du eine Straßenkarte mitnehmen?	Wil jy 'n padkaart saamneem?
Willst du einen Reiseführer mitnehmen?	Wil jy 'n reisgids saamneem?
Willst du einen Regenschirm mitnehmen?	Wil jy 'n sambreel saamneem?
Denk an die Hosen, die Hemden, die Socken.	Hou die broeke, die hemde en die sokkies in gedagte.
Denk an die Krawatten, die Gürtel, die Sakkos.	Hou die dasse, die gordels en die sportbaadjies in gedagte.
Denk an die Schlafanzüge, die Nachthemden und die T-Shirts.	Hou die slaapklere, die naghemde en die T-hemde in gedagte.
Du brauchst Schuhe, Sandalen und Stiefel.	Jy het skoene, sandale en stewels nodig.
Du brauchst Taschentücher, Seife und eine Nagelschere.	Jy het sakdoeke, seep en 'n naelskêr nodig.
Du brauchst einen Kamm, eine Zahnbürste und Zahnpasta.	Jy het 'n kam, tandeborsel en tandepasta nodig.

48 [achtundvierzig]

Urlaubsaktivitäten

48 [agt en veertig]

Vakansieaktiwiteite

Ist der Strand sauber?	Is die strand skoon?
Kann man dort baden?	Kan mens daar swem?
Ist es nicht gefährlich, dort zu baden?	Is dit nie gevaarlik om daar te swem nie?
Kann man hier einen Sonnenschirm leihen?	Kan mens hier 'n sonsambreel huur?
Kann man hier einen Liegestuhl leihen?	Kan mens hier 'n lêstoel huur?
Kann man hier ein Boot leihen?	Kan mens hier 'n boot huur?
Ich würde gern surfen.	Ek sou graag wou branderry.
Ich würde gern tauchen.	Ek sou graag wou duik.
Ich würde gern Wasserski fahren.	Ek sou graag wou waterski.
Kann man ein Surfbrett mieten?	Kan mens 'n branderplank huur?
Kann man eine Taucherausrüstung mieten?	Kan mens duiktoerusting huur?
Kann man Wasserskier mieten?	Kan mens waterski's huur?
Ich bin erst Anfänger.	Ek is net 'n beginner.
Ich bin mittelgut.	Ek is middelmatig goed.
Ich kenne mich damit schon aus.	Ek is taamlik goed.
Wo ist der Skilift?	Waar is die skihyser?
Hast du denn Skier dabei?	Het jy dan ski's by jou?
Hast du denn Skischuhe dabei?	Het jy dan skistewels by jou?

49 [neunundvierzig]

Sport

49 [nege en veertig]

Sport

Treibst du Sport?
Ja, ich muss mich bewegen.
Ich gehe in einen Sportverein.

Neem u deel aan sport?
Ja, ek moet bietjie oefening kry.
Ek gaan na 'n sportklub.

Wir spielen Fußball.
Manchmal schwimmen wir.
Oder wir fahren Rad.

Ons speel sokker.
Partykeer swem ons.
Of ons ry fiets.

In unserer Stadt gibt es ein Fußballstadion.
Es gibt auch ein Schwimmbad mit Sauna.
Und es gibt einen Golfplatz.

Daar is 'n sokkerstadium in ons stad.
Daar is 'n swembad met 'n sauna.
En daar is 'n gholfbaan.

Was gibt es im Fernsehen?
Gerade gibt es ein Fußballspiel.
Die deutsche Mannschaft spielt gegen die englische.

Wat is op die televisie?
Daar is 'n sokkerwedstryd aan die gang.
Die Duitse span speel teen die Engelse.

Wer gewinnt?
Ich habe keine Ahnung.
Im Moment steht es unentschieden.

Wie wen?
Ek het geen idee nie.
Op die oomblik speel hulle gelyk op.

Der Schiedsrichter kommt aus Belgien.
Jetzt gibt es einen Elfmeter.
Tor! Eins zu null!

Die skeidsregter is van België.
Nou is daar 'n strafskop.
Doel! Een – nul!

50 [fünfzig]

50 [vyftig]

Im Schwimmbad

By die swembad

Heute ist es heiß. Gehen wir ins Schwimmbad? Hast du Lust, schwimmen zu gehen?	Dit is warm vandag. Gaan ons swembad toe? Het jy lus om te gaan swem?
Hast du ein Handtuch? Hast du eine Badehose? Hast du einen Badeanzug?	Het jy 'n handdoek? Het jy 'n swembroek? Het jy 'n baaikostuum?
Kannst du schwimmen? Kannst du tauchen? Kannst du ins Wasser springen?	Kan jy swem? Kan jy duik? Kan jy in die water spring?
Wo ist die Dusche? Wo ist die Umkleidekabine? Wo ist die Schwimmbrille?	Waar is die stort? Waar is die kleedkamers? Waar is die swembril?
Ist das Wasser tief? Ist das Wasser sauber? Ist das Wasser warm?	Is die water diep? Is die water skoon? Is die water warm?
Ich friere. Das Wasser ist zu kalt. Ich gehe jetzt aus dem Wasser.	Ek kry koud. Die water is te koud. Ek klim nou uit die water.

51 [einundfünfzig]

51 [een en vyftig]

Besorgungen machen

Boodskappe dra

Ich will in die Bibliothek.
Ich will in die Buchhandlung.
Ich will zum Kiosk.

Ek wil na die biblioteek toe gaan.
Ek wil na die boekwinkel toe gaan.
Ek wil na die kiosk toe gaan.

Ich will ein Buch leihen.
Ich will ein Buch kaufen.
Ich will eine Zeitung kaufen.

Ek wil 'n boek leen.
Ek wil 'n boek koop.
Ek wil 'n koerant koop.

Ich will in die Bibliothek, um ein Buch zu leihen.
Ich will in die Buchhandlung, um ein Buch zu kaufen.
Ich will zum Kiosk, um eine Zeitung zu kaufen.

Ek wil na die biblioteek toe gaan om 'n boek te leen.
Ek wil na die boekwinkel toe gaan om 'n boek te koop.
Ek wil na die kiosk toe gaan om 'n koerant te koop.

Ich will zum Optiker.
Ich will zum Supermarkt.
Ich will zum Bäcker.

Ek wil na die oogkundige toe gaan.
Ek wil na die supermark toe gaan.
Ek wil na die bakker toe gaan.

Ich will eine Brille kaufen.
Ich will Obst und Gemüse kaufen.
Ich will Brötchen und Brot kaufen.

Ek wil 'n bril koop.
Ek wil vrugte en groente koop.
Ek wil rolletjies en brood koop.

Ich will zum Optiker, um eine Brille zu kaufen.
Ich will zum Supermarkt, um Obst und Gemüse zu kaufen.
Ich will zum Bäcker, um Brötchen und Brot zu kaufen.

Ek wil na die oogkundige toe gaan om 'n bril te koop.
Ek wil na die supermark toe gaan om vrugte en groente te koop.
Ek wil na die bakker toe gaan om rolletjies en brood te koop.

52 [zweiundfünfzig]

Im Kaufhaus

52 [twee en vyftig]

In die afdelingswinkel

Gehen wir in ein Kaufhaus? Ich muss Einkäufe machen. Ich will viel einkaufen.	Gaan ons na die afdelingswinkel toe? Ek moet gaan inkopies doen. Ek wil baie inkopies koop.
Wo sind die Büroartikel? Ich brauche Briefumschläge und Briefpapier. Ich brauche Kulis und Filzstifte.	Waar is die kantoorbenodighede? Ek het koeverte en briefpapier nodig. Ek het balpuntpenne en koki penne nodig.
Wo sind die Möbel? Ich brauche einen Schrank und eine Kommode. Ich brauche einen Schreibtisch und ein Regal.	Waar is die meubels? Ek het 'n kas en 'n laaikas nodig. Ek het 'n lessenaar en 'n boekrak nodig.
Wo sind die Spielsachen? Ich brauche eine Puppe und einen Teddybär. Ich brauche einen Fußball und ein Schachspiel.	Waar is die speelgoed? Ek het 'n pop en teddiebeer nodig. Ek het 'n sokkerbal en 'n skaakstel nodig.
Wo ist das Werkzeug? Ich brauche einen Hammer und eine Zange. Ich brauche einen Bohrer und einen Schraubenzieher.	Waar is die gereedskap? Ek het 'n hammer en 'n tang nodig. Ek het 'n boor en 'n skroewedraaier nodig.
Wo ist der Schmuck? Ich brauche eine Kette und ein Armband. Ich brauche einen Ring und Ohrringe.	Waar is die juweliersware? Ek het 'n halssnoer en 'n armband nodig. Ek het 'n ring en oorbelle nodig.

53 [dreiundfünfzig]

53 [drie en vyftig]

Geschäfte

Winkels

Wir suchen ein Sportgeschäft.	Ons soek 'n sportwinkel.
Wir suchen eine Fleischerei.	Ons soek 'n slaghuis.
Wir suchen eine Apotheke.	Ons soek 'n apteek.
Wir möchten nämlich einen Fußball kaufen.	Ons wil mos 'n sokkerbal koop.
Wir möchten nämlich Salami kaufen.	Ons wil mos salami koop.
Wir möchten nämlich Medikamente kaufen.	Ons wil mos medisyne koop.
Wir suchen ein Sportgeschäft, um einen Fußball zu kaufen.	Ons soek 'n sportwinkel om 'n sokkerbal te koop.
Wir suchen eine Fleischerei, um Salami zu kaufen.	Ons soek 'n slaghuis om salami te koop.
Wir suchen eine Apotheke, um Medikamente zu kaufen.	Ons soek 'n apteek om medisyne te koop.
Ich suche einen Juwelier.	Ons soek 'n juwelier.
Ich suche ein Fotogeschäft.	Ons soek 'n fotowinkel.
Ich suche eine Konditorei.	Ons soek 'n koekwinkel.
Ich habe nämlich vor, einen Ring zu kaufen.	Ek is mos van plan om 'n ring te koop.
Ich habe nämlich vor, einen Film zu kaufen.	Ek is mos van plan om 'n rol film te koop.
Ich habe nämlich vor, eine Torte zu kaufen.	Ek is mos van plan om 'n koek te koop.
Ich suche einen Juwelier, um einen Ring zu kaufen.	Ek soek 'n juwelier om 'n ring te koop.
Ich suche ein Fotogeschäft, um einen Film zu kaufen.	Ek soek 'n fotowinkel om 'n rol film te koop.
Ich suche eine Konditorei, um eine Torte zu kaufen.	Ek soek 'n koekwinkel om 'n koek te koop.

54 [vierundfünfzig]

54 [vier en vyftig]

Einkaufen

Inkopies

Ich möchte ein Geschenk kaufen.
Aber nichts allzu Teueres.
Vielleicht eine Handtasche?

Ek wil 'n geskenk koop.
Maar nie te duur nie.
Miskien 'n handsak?

Welche Farbe möchten Sie?
Schwarz, braun oder weiß?
Eine große oder eine kleine?

Watter kleur soek u?
Swart, bruin of wit?
'n Grote of 'n kleintjie?

Darf ich diese mal sehen?
Ist die aus Leder?
Oder ist die aus Kunststoff?

Mag ek die een sien asseblief?
Is dit van leer gemaak?
Of is dit van plastiek?

Aus Leder natürlich.
Das ist eine besonders gute Qualität.
Und die Handtasche ist wirklich sehr preiswert.

Van leer, natuurlik.
Dit is besonderse goeie kwaliteit.
En die handsak is werklik billik.

Die gefällt mir.
Die nehme ich.
Kann ich die eventuell umtauschen?

Ek hou daarvan.
Ek sal dit neem.
Kan ek dit omruil indien nodig?

Selbstverständlich.
Wir packen sie als Geschenk ein.
Dort drüben ist die Kasse.

Vanselfsprekend.
Ons sal dit as 'n geskenk toedraai.
Daar anderkant is die kassier.

55
[fünfundfünfzig]

Arbeiten

55 [vyf en vyftig]

Werk

Was machen Sie beruflich?
Mein Mann ist Arzt von Beruf.
Ich arbeite halbtags als Krankenschwester.

Wat is u van beroep?
My man is 'n dokter.
Ek werk deeltyds as 'n verpleegster.

Bald bekommen wir Rente.
Aber die Steuern sind hoch.
Und die Krankenversicherung ist hoch.

Ons sal binnekort ons pensioen ontvang.
Maar die belasting is hoog.
En mediese versekering is duur.

Was willst du einmal werden?
Ich möchte Ingenieur werden.
Ich will an der Universität studieren.

Wat wil jy graag eendag word?
Ek wil graag 'n ingenieur word.
Ek wil universiteit toe gaan.

Ich bin Praktikant.
Ich verdiene nicht viel.
Ich mache ein Praktikum im Ausland.

Ek is 'n „intern“.
Ek verdien nie veel nie.
Ek doen my internskap in die buiteland.

Das ist mein Chef.
Ich habe nette Kollegen.
Mittags gehen wir immer in die Kantine.

Dit is my baas.
Ek het gawe kollegas.
Smiddags gaan ons altyd kroeg toe.

Ich suche eine Stelle.
Ich bin schon ein Jahr arbeitslos.
In diesem Land gibt es zu viele Arbeitslose.

Ek is op soek na werk.
Ek is al 'n jaar werkloos.
Daar is te veel werklose mense in dié land.

56
[sechsundfünfzig]

Gefühle

56 [ses en vyftig]

Gevoelens

Lust haben
Wir haben Lust.
Wir haben keine Lust.

lus hê
Ons het lus.
Ons het nie lus nie.

Angst haben
Ich habe Angst.
Ich habe keine Angst.

om bang te wees
Ek is bang.
Ek is nie bang nie.

Zeit haben
Er hat Zeit.
Er hat keine Zeit.

om tyd te hê
Hy het tyd.
Hy het nie tyd nie.

Langeweile haben
Sie hat Langeweile.
Sie hat keine Langeweile.

om verveeld te wees
Sy is verveeld.
Sy is nie verveeld nie.

Hunger haben
Habt ihr Hunger?
Habt ihr keinen Hunger?

om honger te wees
Is julle honger?
Is julle nie honger nie?

Durst haben
Sie haben Durst.
Sie haben keinen Durst.

om dors te wees
Hulle is dors.
Hulle is nie dors nie.

57 [siebenundfünfzig]

57 [sewe en vyftig]

Beim Arzt

By die dokter

Ich habe einen Termin beim Arzt.
Ich habe den Termin um zehn Uhr.
Wie ist Ihr Name?

Ek het 'n afspraak by die dokter.
Ek het die afspraak om tien uur.
Wat is u naam?

Bitte nehmen Sie im Wartezimmer Platz.
Der Arzt kommt gleich.
Wo sind Sie versichert?

Kry vir u solank 'n sitplek in die wagkamer.
Die dokter kom binnekort.
Waar is u verseker?

Was kann ich für Sie tun?
Haben Sie Schmerzen?
Wo tut es weh?

Wat kan ek vir u doen?
Het u pyn?
Waar is dit seer?

Ich habe immer Rückenschmerzen.
Ich habe oft Kopfschmerzen.
Ich habe manchmal Bauchschmerzen.

Ek het altyd rugpyn.
Ek het dikwels hoofpyn.
Ek het soms maagpyn.

Machen Sie bitte den Oberkörper frei!
Legen Sie sich bitte auf die Liege!
Der Blutdruck ist in Ordnung.

Trek asseblief u hemp uit.
Lê asseblief op die ondersoektafel.
U bloeddruk is in die haak.

Ich gebe Ihnen eine Spritze.
Ich gebe Ihnen Tabletten.
Ich gebe Ihnen ein Rezept für die Apotheke.

Ek gaan u 'n inspuiting gee.
Ek gaan u tablette gee.
Ek gaan u 'n voorskrif vir die apteek gee.

58
[achtundfünfzig]

Körperteile

58 [agt en vyftig]

Liggaamsdele

Ich zeichne einen Mann.
Zuerst den Kopf.
Der Mann trägt einen Hut.

Ek teken 'n man.
Eerste die kop.
Die man dra 'n hoed.

Die Haare sieht man nicht.
Die Ohren sieht man auch nicht.
Den Rücken sieht man auch nicht.

Mens sien nie die hare nie.
Mens sien ook nie die ore nie.
Mens sien ook nie die rug nie.

Ich zeichne die Augen und den Mund.
Der Mann tanzt und lacht.
Der Mann hat eine lange Nase.

Ek teken die oë en die mond.
Die man dans en lag.
Die man het 'n lang neus.

Er trägt einen Stock in den Händen.
Er trägt auch einen Schal um den Hals.
Es ist Winter und es ist kalt.

Hy dra 'n stok in sy hande.
Hy dra ook 'n serp om sy nek.
Dit is winter en dis koud.

Die Arme sind kräftig.
Die Beine sind auch kräftig.
Der Mann ist aus Schnee.

Die arms is sterk/fris.
Die bene is ook sterk/fris.
Die man is van sneeu gemaak.

Er trägt keine Hose und keinen Mantel.
Aber der Mann friert nicht.
Er ist ein Schneemann.

Hy dra nie 'n broek of 'n jas nie.
Maar die man vries nie.
Hy is 'n sneeuman.

59 [neunundfünfzig]	59 [nege en vyftig]
Im Postamt	**By die poskantoor**
Wo ist das nächste Postamt?	Waar is die naaste poskantoor?
Ist es weit bis zum nächsten Postamt?	Is dit ver tot die naaste poskantoor?
Wo ist der nächste Briefkasten?	Waar is die naaste posbus?
Ich brauche ein paar Briefmarken.	Ek het ’n paar seëls nodig.
Für eine Karte und einen Brief.	Vir ’n poskaart en ’n brief.
Wie teuer ist das Porto nach Amerika?	Hoeveel is die posgeld na Amerika?
Wie schwer ist das Paket?	Hoe swaar is die pakkie?
Kann ich es per Luftpost schicken?	Kan ek dit per lugpos stuur?
Wie lange dauert es, bis es ankommt?	Hoe lank sal dit neem om daar te kom?
Wo kann ich telefonieren?	Waar kan ek ’n oproep maak?
Wo ist die nächste Telefonzelle?	Waar is die naaste telefoonhokkie?
Haben Sie Telefonkarten?	Het u telefoonkaarte?
Haben Sie ein Telefonbuch?	Het u ’n telefoonboek?
Kennen Sie die Vorwahl von Österreich?	Ken u die areakode vir Oostenryk?
Einen Augenblick, ich schau mal nach.	Net ’n oomblik, ek kyk gou.
Die Leitung ist immer besetzt.	Die lyn is altyd beset.
Welche Nummer haben Sie gewählt?	Watter nommer het u geskakel?
Sie müssen zuerst die Null wählen!	U moet eers die nul druk!

60 [sechzig]

In der Bank

60 [sestig]

In die bank

Ich möchte ein Konto eröffnen. Hier ist mein Pass. Und hier ist meine Adresse.	Ek wil graag 'n rekening oopmaak. Hier is my paspoort. En hier is my adres.
Ich möchte Geld auf mein Konto einzahlen. Ich möchte Geld von meinem Konto abheben. Ich möchte die Kontoauszüge abholen.	Ek wil graag geld in my rekening inbetaal. Ek wil graag geld uit my rekening onttrek. Ek wil graag die rekeningstate afhaal.
Ich möchte einen Reisescheck einlösen. Wie hoch sind die Gebühren? Wo muss ich unterschreiben?	Ek wil graag 'n reisigerstjek wissel. Wat is die fooie? Waar moet ek teken?
Ich erwarte eine Überweisung aus Deutschland. Hier ist meine Kontonummer. Ist das Geld angekommen?	Ek verwag 'n oorbetaling vanaf Duitsland. Hier is my rekeningnommer. Is die geld oorbetaal?
Ich möchte dieses Geld wechseln. Ich brauche US-Dollar. Bitte geben Sie mir kleine Scheine.	Ek wil graag hierdie geld wissel. Ek het Amerikaanse dollar nodig. Kan u asseblief vir my klein note gee.
Gibt es hier einen Geldautomat? Wie viel Geld kann man abheben? Welche Kreditkarten kann man benutzen?	Is hier 'n kitsbank (OTM)? Hoeveel geld kan mens hier trek? Watter kredietkaarte kan mens gebruik?

61 [einundsechzig]

61 [een en sestig]

Ordinalzahlen

Ordinale getalle

Der erste Monat ist der Januar.
Der zweite Monat ist der Februar.
Der dritte Monat ist der März.

Die eerste maand is Januarie.
Die tweede maand is Februarie.
Die derde maand is Maart.

Der vierte Monat ist der April.
Der fünfte Monat ist der Mai.
Der sechste Monat ist der Juni.

Die vierde maand is April.
Die vyfde maand is Mei.
Die sesde maand is Junie.

Sechs Monate sind ein halbes Jahr.
Januar, Februar, März,
April, Mai und Juni.

Ses maande is 'n halwe jaar.
Januarie, Februarie, Maart,
April, Mei, Junie.

Der siebte Monat ist der Juli.
Der achte Monat ist der August.
Der neunte Monat ist der September.

Die sewende maand is Julie.
Die agtste maand is Augustus.
Die negende maand is September.

Der zehnte Monat ist der Oktober.
Der elfte Monat ist der November.
Der zwölfte Monat ist der Dezember.

Die tiende maand is Oktober.
Die elfde maand is November.
Die twaalfde maand is Desember.

Zwölf Monate sind ein Jahr.
Juli, August, September,
Oktober, November und Dezember.

Twaalf maande is een jaar.
Julie, Augustus, September,
Oktober, November en Desember.

62
[zweiundsechzig]

Fragen stellen 1

62 [twee en sestig]

Vrae vra 1

lernen
Lernen die Schüler viel?
Nein, sie lernen wenig.

studeer
Leer die studente baie?
Nee, hulle leer min.

fragen
Fragen Sie oft den Lehrer?
Nein, ich frage ihn nicht oft.

vra
Vra jy die onderwyser gereeld vrae?
Nee, ek vra hom nie gereeld vrae nie.

antworten
Antworten Sie, bitte.
Ich antworte.

antwoord
Antwoord asseblief.
Ek antwoord.

arbeiten
Arbeitet er gerade?
Ja, er arbeitet gerade.

werk
Werk hy op die oomblik?
Ja, hy werk op die oomblik.

kommen
Kommen Sie?
Ja, wir kommen gleich.

kom
Kom u?
Ja, ons kom binnekort.

wohnen
Wohnen Sie in Berlin?
Ja, ich wohne in Berlin.

woon
Woon u in Berlyn?
Ja, ek woon in Berlyn.

63
[dreiundsechzig]

Fragen stellen 2

63 [drie en sestig]

Vrae vra 2

Ich habe ein Hobby. Ich spiele Tennis. Wo ist ein Tennisplatz?	Ek het 'n stokperdjie. Ek speel tennis. Waar is 'n tennisbaan?
Hast du ein Hobby? Ich spiele Fußball. Wo ist ein Fußballplatz?	Het jy 'n stokperdjie? Ek speel sokker. Waar is 'n sokkerveld?
Mein Arm tut weh. Mein Fuß und meine Hand tun auch weh. Wo ist ein Doktor?	My arm is seer. My voet en my hand is ook seer. Waar is 'n dokter?
Ich habe ein Auto. Ich habe auch ein Motorrad. Wo ist ein Parkplatz?	Ek het 'n motor. Ek het ook 'n motorfiets. Waar is 'n parkeerarea?
Ich habe einen Pullover. Ich habe auch eine Jacke und eine Jeans. Wo ist die Waschmaschine?	Ek het 'n trui. Ek het ook 'n baadjie en 'n paar jeans. Waar is die wasmasjien?
Ich habe einen Teller. Ich habe ein Messer, eine Gabel und einen Löffel. Wo sind Salz und Pfeffer?	Ek het 'n bord. Ek het 'n mes, 'n vurk en 'n lepel. Waar is die sout en peper?

64
[vierundsechzig]

Verneinung 1

64 [vier en sestig]

Ontkenning 1

Ich verstehe das Wort nicht.
Ich verstehe den Satz nicht.
Ich verstehe die Bedeutung nicht.

Ek verstaan nie die woord nie.
Ek verstaan nie die sin nie.
Ek verstaan nie die betekenis nie.

der Lehrer
Verstehen Sie den Lehrer?
Ja, ich verstehe ihn gut.

die onderwyser
Verstaan u die onderwyser?
Ja, ek verstaan hom goed.

die Lehrerin
Verstehen Sie die Lehrerin?
Ja, ich verstehe sie gut.

die onderwyseres
Verstaan u die onderwyseres?
Ja, ek verstaan haar goed.

die Leute
Verstehen Sie die Leute?
Nein, ich verstehe sie nicht so gut.

die mense
Verstaan u die mense?
Nee, ek verstaan hulle nie so goed nie.

die Freundin
Haben Sie eine Freundin?
Ja, ich habe eine.

die vriendin
Het u 'n vriendin?
Ja, ek het.

die Tochter
Haben Sie eine Tochter?
Nein, ich habe keine.

die dogter
Het u 'n dogter?
Nee, ek het nie.

65 [fünfundsechzig]

65 [vyf en sestig]

Verneinung 2

Ontkenning 2

Ist der Ring teuer?
Nein, er kostet nur hundert Euro.
Aber ich habe nur fünfzig.

Is die ring duur?
Nee, dit kos maar net eenhonderd Euro.
Maar ek het net vyftig.

Bist du schon fertig?
Nein, noch nicht.
Aber gleich bin ich fertig.

Is jy al klaar?
Nee, nog nie.
Maar ek sal binnekort klaar wees.

Möchtest du noch Suppe?
Nein, ich will keine mehr.
Aber noch ein Eis.

Wil jy nog sop hê?
Nee, ek wil nie meer hê nie.
Maar nog 'n roomys.

Wohnst du schon lange hier?
Nein, erst einen Monat.
Aber ich kenne schon viele Leute.

Woon jy al lank hier?
Nee, nog net 'n maand.
Maar ek ken al baie mense.

Fährst du morgen nach Hause?
Nein, erst am Wochenende.
Aber ich komme schon am Sonntag zurück.

Gaan jy môre huis toe ry?
Nee, eers oor die naweek.
Maar ek kom reeds Sondag terug.

Ist deine Tochter schon erwachsen?
Nein, sie ist erst siebzehn.
Aber sie hat schon einen Freund.

Is jou dogter reeds 'n volwassene?
Nee, sy is nog net sewentien.
Maar sy het alreeds 'n kêrel.

66
[sechsundsechzig]

Possessivprono
men 1

66 [ses en sestig]

Besitlike
voornaamwoord
e 1

ich – mein
Ich finde meinen Schlüssel nicht.
Ich finde meine Fahrkarte nicht.

ek – my
Ek vind / kry nie my sleutel nie.
Ek vind / kry nie my kaartjie nie.

du – dein
Hast du deinen Schlüssel gefunden?
Hast du deine Fahrkarte gefunden?

jy – jou
Het jy jou sleutel gevind / gekry?
Het jy jou kaartjie gevind / gekry?

er – sein
Weißt du, wo sein Schlüssel ist?
Weißt du, wo seine Fahrkarte ist?

hy – sy
Weet jy waar sy sleutel is?
Weet jy waar sy kaartjie is?

sie – ihr
Ihr Geld ist weg.
Und ihre Kreditkarte ist auch weg.

sy – haar
Haar geld is weg.
En haar kredietkaart is ook weg.

wir – unser
Unser Opa ist krank.
Unsere Oma ist gesund.

ons – ons
Ons oupa is siek.
Ons ouma is gesond.

ihr – euer
Kinder, wo ist euer Vati?
Kinder, wo ist eure Mutti?

julle – julle
Kinders, waar is julle pappa?
Kinders, waar is julle mamma?

67 [siebenundsechzig]

Possessivpronomen 2

67 [sewe en sestig]

Besitlike voornaamwoorde 2

die Brille
Er hat seine Brille vergessen.
Wo hat er denn seine Brille?

die bril
Hy het sy bril vergeet.
Waar het hy sy bril gelos?

die Uhr
Seine Uhr ist kaputt.
Die Uhr hängt an der Wand.

die horlosie
Sy horlosie is stukkend.
Die horlosie hang teen die muur.

der Pass
Er hat seinen Pass verloren.
Wo hat er denn seinen Pass?

die paspoort
Hy het sy paspoort verloor.
Waar is sy paspoort dan?

sie – ihr
Die Kinder können ihre Eltern nicht finden.
Aber da kommen ja ihre Eltern!

hulle – hulle
Die kinders kan nie hulle ouers vind nie.
Maar daar kom hulle ouers nou!

Sie – Ihr
Wie war Ihre Reise, Herr Müller?
Wo ist Ihre Frau, Herr Müller?

u – u
Hoe was u reis, Meneer Müller?
Waar is u vrou, Meneer Müller?

Sie – Ihr
Wie war Ihre Reise, Frau Schmidt?
Wo ist Ihr Mann, Frau Schmidt?

u – u
Hoe was u reis, mevrou Schmidt?
Waar is u man, mevrou Schmidt?

68
[achtundsechzig]

groß – klein

68 [agt en sestig]

groot – klein

groß und klein
Der Elefant ist groß.
Die Maus ist klein.

groot en klein
Die olifant is groot.
Die muis is klein.

dunkel und hell
Die Nacht ist dunkel.
Der Tag ist hell.

donker en helder
Die nag is donker.
Die dag is helder.

alt und jung
Unser Großvater ist sehr alt.
Vor 70 Jahren war er noch jung.

oud en jonk
Ons oupa is baie oud.
70 jaar gelede was hy nog jonk.

schön und hässlich
Der Schmetterling ist schön.
Die Spinne ist hässlich.

mooi en lelik
Die vlinder is mooi.
Die spinnekop is lelik.

dick und dünn
Eine Frau mit 100 Kilo ist dick.
Ein Mann mit 50 Kilo ist dünn.

Dik / vet en dun
'n Vrou van 100kg is dik / vet.
'n Man van 50kg is dun.

teuer und billig
Das Auto ist teuer.
Die Zeitung ist billig.

duur en goedkoop
Die motor is duur.
Die koerant is goedkoop.

69
[neunundsechzig]

brauchen – wollen

69 [nege en sestig]

nodig het – wil

Ich brauche ein Bett.
Ich will schlafen.
Gibt es hier ein Bett?

Ek het 'n bed nodig.
Ek wil slaap.
Is hier 'n bed?

Ich brauche eine Lampe.
Ich will lesen.
Gibt es hier eine Lampe?

Ek het 'n lamp nodig.
Ek wil lees.
Is hier 'n lamp?

Ich brauche ein Telefon.
Ich will telefonieren.
Gibt es hier ein Telefon?

Ek het 'n telefoon nodig.
Ek wil bel.
Is hier 'n telefoon?

Ich brauche eine Kamera.
Ich will fotografieren.
Gibt es hier eine Kamera?

Ek het 'n kamera nodig.
Ek wil foto's neem.
Is hier 'n kamera?

Ich brauche einen Computer.
Ich will eine E-Mail schicken.
Gibt es hier einen Computer?

Ek het 'n rekenaar nodig.
Ek wil 'n e-pos stuur.
Is hier 'n rekenaar?

Ich brauche einen Kuli.
Ich will etwas schreiben.
Gibt es hier ein Blatt Papier und einen Kuli?

Ek het 'n pen nodig.
Ek wil iets skryf.
Is hier 'n blad papier en 'n pen?

70 [siebzig]

etwas mögen

70 [sewentig]

om van iets te hou

Möchten Sie rauchen?	Wil u rook?
Möchten Sie tanzen?	Wil u dans?
Möchten Sie spazieren gehen?	Wil u gaan stap?
Ich möchte rauchen.	Ek wil graag rook.
Möchtest du eine Zigarette?	Wil jy 'n sigaret hê?
Er möchte Feuer.	Hy soek 'n vuurhoutjie / aansteker.
Ich möchte etwas trinken.	Ek wil graag iets drink.
Ich möchte etwas essen.	Ek wil graag iets eet.
Ich möchte mich etwas ausruhen.	Ek wil graag bietjie ontspan.
Ich möchte Sie etwas fragen.	Ek wil u graag iets vra.
Ich möchte Sie um etwas bitten.	Ek wil u graag vir iets vra.
Ich möchte Sie zu etwas einladen.	Ek wil u graag na iets uitnooi.
Was möchten Sie bitte?	Wat wil u hê?
Möchten Sie einen Kaffee?	Wil u koffie hê?
Oder möchten Sie lieber einen Tee?	Of wil u liewer tee hê?
Wir möchten nach Hause fahren.	Ons wil huis toe ry.
Möchtet ihr ein Taxi?	Soek julle 'n taxi?
Sie möchten telefonieren.	Hulle wil graag 'n oproep maak.

71 [einundsiebzig]

etwas wollen

71 [een en sewentig]

iets wil

Was wollt ihr? Wollt ihr Fußball spielen? Wollt ihr Freunde besuchen?	Wat wil julle doen? Wil julle sokker speel? Wil julle vriende besoek?
wollen Ich will nicht spät kommen. Ich will nicht hingehen.	wil Ek wil nie laat kom nie. Ek wil nie daarheen gaan nie.
Ich will nach Hause gehen. Ich will zu Hause bleiben. Ich will allein sein.	Ek wil huis toe gaan. Ek wil by die huis / tuis bly. Ek wil alleen wees.
Willst du hier bleiben? Willst du hier essen? Willst du hier schlafen?	Wil jy hier bly? Wil jy hier eet? Wil jy hier slaap?
Wollen Sie morgen abfahren? Wollen Sie bis morgen bleiben? Wollen Sie die Rechnung erst morgen bezahlen?	Wil u môre vertrek? Wil u tot môre bly? Wil u die rekening eers môre betaal?
Wollt ihr in die Disko? Wollt ihr ins Kino? Wollt ihr ins Café?	Wil julle na die disko toe gaan? Wil julle na die bioskoop toe gaan? Wil julle na die koffiewinkel toe gaan?

72 [zweiundsiebzig]

etwas müssen

72 [twee en sewentig]

om iets te moet

müssen
Ich muss den Brief verschicken.
Ich muss das Hotel bezahlen.

moet
Ek moet die brief pos.
Ek moet die hotel betaal.

Du musst früh aufstehen.
Du musst viel arbeiten.
Du musst pünktlich sein.

Jy moet vroeg opstaan.
Jy moet baie werk.
Jy moet stiptelik wees.

Er muss tanken.
Er muss das Auto reparieren.
Er muss das Auto waschen.

Hy moet brandstof kry.
Hy moet die motor herstel.
Hy moet die motor was.

Sie muss einkaufen.
Sie muss die Wohnung putzen.
Sie muss die Wäsche waschen.

Sy moet inkopies doen.
Sy moet die woonstel skoonmaak.
Sy moet die wasgoed was.

Wir müssen gleich zur Schule gehen.
Wir müssen gleich zur Arbeit gehen.
Wir müssen gleich zum Arzt gehen.

Ons moet onmiddelik skool toe gaan.
Ons moet onmiddelik werk toe gaan.
Ons moet onmiddelik dokter toe gaan.

Ihr müsst auf den Bus warten.
Ihr müsst auf den Zug warten.
Ihr müsst auf das Taxi warten.

Julle moet wag vir die bus.
Julle moet wag vir die trein.
Julle moet wag vir die taxi.

73 [dreiundsiebzig]

etwas dürfen

73 [drie en sewentig]

om iets te mag

Darfst du schon Auto fahren?
Darfst du schon Alkohol trinken?
Darfst du schon allein ins Ausland fahren?

Mag jy al bestuur?
Mag jy al alkohol drink?
Mag jy al alleen buiteland toe gaan?

dürfen
Dürfen wir hier rauchen?
Darf man hier rauchen?

mag
Mag ons hier rook?
Mag mens hier rook?

Darf man mit Kreditkarte bezahlen?
Darf man mit Scheck bezahlen?
Darf man nur bar bezahlen?

Mag mens met 'n kredietkaart betaal?
Mag mens met 'n tjek betaal?
Mag mens net kontant betaal?

Darf ich mal eben telefonieren?
Darf ich mal eben etwas fragen?
Darf ich mal eben etwas sagen?

Mag ek maar bel?
Mag ek maar iets vra?
Mag ek maar iets sê?

Er darf nicht im Park schlafen.
Er darf nicht im Auto schlafen.
Er darf nicht im Bahnhof schlafen.

Hy mag nie in die park slaap nie.
Hy mag nie in die motor slaap nie.
Hy mag nie in die stasie slaap nie.

Dürfen wir Platz nehmen?
Dürfen wir die Speisekarte haben?
Dürfen wir getrennt zahlen?

Mag ons sit?
Mag ons 'n spyskaart kry?
Mag ons apart betaal?

74 [vierundsiebzig]

um etwas bitten

74 [vier en sewentig]

vir iets vra

Können Sie mir die Haare schneiden?
Nicht zu kurz, bitte.
Etwas kürzer, bitte.

Kan u my hare sny?
Nie te kort nie, asseblief.
'n Bietjie korter, asseblief.

Können Sie die Bilder entwickeln?
Die Fotos sind auf der CD.
Die Fotos sind in der Kamera.

Kan u die foto's ontwikkel?
Die foto's is op die kompakskyf (CD).
Die foto's is in die kamera.

Können Sie die Uhr reparieren?
Das Glas ist kaputt.
Die Batterie ist leer.

Kan u die horlosie regmaak?
Die glas is stukkend.
Die battery is pap.

Können Sie das Hemd bügeln?
Können Sie die Hose reinigen?
Können Sie die Schuhe reparieren?

Kan u die hemp stryk?
Kan u die broek skoonmaak?
Kan u die skoene regmaak?

Können Sie mir Feuer geben?
Haben Sie Streichhölzer oder ein Feuerzeug?
Haben Sie einen Aschenbecher?

Kan u vir my 'n vuurhoutjie / aansteker leen?
Het u vuurhoutjies of 'n sigaretaansteker?
Het u 'n asbak?

Rauchen Sie Zigarren?
Rauchen Sie Zigaretten?
Rauchen Sie Pfeife?

Rook u sigare?
Rook u sigarette?
Rook u pyp?

75 [fünfundsiebzig]

etwas begründen 1

75 [vyf en sewentig]

iets regverdig 1

Warum kommen Sie nicht? Das Wetter ist so schlecht. Ich komme nicht, weil das Wetter so schlecht ist.	Waarom kom u nie? Die weer is so sleg. Ek kom nie omdat die weer so sleg is.
Warum kommt er nicht? Er ist nicht eingeladen. Er kommt nicht, weil er nicht eingeladen ist.	Waarom kom hy nie? Hy is nie uitgenooi nie. Hy kom nie omdat hy nie uitgenooi is nie.
Warum kommst du nicht? Ich habe keine Zeit. Ich komme nicht, weil ich keine Zeit habe.	Waarom kom jy nie? Ek het nie tyd nie. Ek kom nie omdat ek nie tyd het nie.
Warum bleibst du nicht? Ich muss noch arbeiten. Ich bleibe nicht, weil ich noch arbeiten muss.	Waarom bly jy nie? Ek moet nog werk. Ek bly nie want ek moet nog werk.
Warum gehen Sie schon? Ich bin müde. Ich gehe, weil ich müde bin.	Waarom gaan u nou al? Ek is moeg. Ek gaan omdat ek moeg is.
Warum fahren Sie schon? Es ist schon spät. Ich fahre, weil es schon spät ist.	Waarom ry u nou al? Dit is al laat. Ek ry omdat dit al laat is.

76
[sechsundsiebzig]

etwas
begründen 2

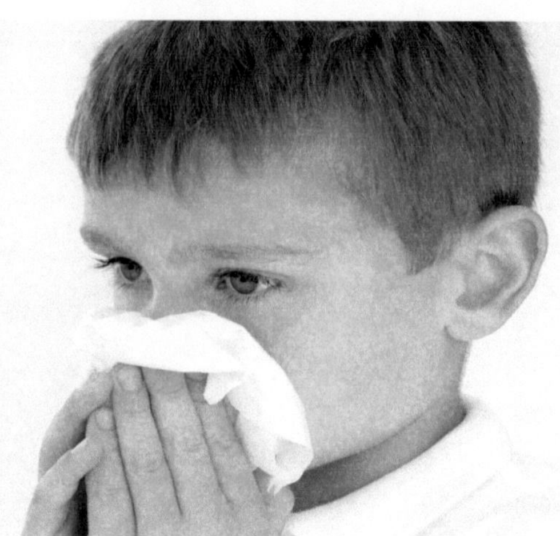

76 [ses en
sewentig]

iets regverdig 2

Warum bist du nicht gekommen?
Ich war krank.
Ich bin nicht gekommen, weil ich krank war.

Waarom het jy nie gekom nie?
Ek was siek.
Ek het nie gekom nie omdat ek siek was.

Warum ist sie nicht gekommen?
Sie war müde.
Sie ist nicht gekommen, weil sie müde war.

Waarom het sy nie gekom nie?
Sy was moeg.
Sy het nie gekom nie omdat sy moeg was.

Warum ist er nicht gekommen?
Er hatte keine Lust.
Er ist nicht gekommen, weil er keine Lust hatte.

Waarom het hy nie gekom nie?
Hy was nie geïnteresseerd nie.
Hy het nie gekom nie want hy was nie geïnteresseerd nie.

Warum seid ihr nicht gekommen?
Unser Auto ist kaputt.
Wir sind nicht gekommen, weil unser Auto kaputt ist.

Waarom het julle nie gekom nie?
Ons motor is stukkend.
Ons het nie gekom nie omdat ons motor stukkend is.

Warum sind die Leute nicht gekommen?
Sie haben den Zug verpasst.
Sie sind nicht gekommen, weil sie den Zug verpasst haben.

Waarom het die mense nie gekom nie?
Hulle het die trein verpas.
Hulle het nie gekom nie omdat hulle die trein verpas het.

Warum bist du nicht gekommen?
Ich durfte nicht.
Ich bin nicht gekommen, weil ich nicht durfte.

Waarom het jy nie gekom nie?
Ek mag nie.
Ek het nie gekom nie omdat ek nie mag nie.

77
[siebenundsiebzig]

etwas
begründen 3

77 [sewe en
sewentig]

iets regverdig 3

Warum essen Sie die Torte nicht?
Ich muss abnehmen.
Ich esse sie nicht, weil ich abnehmen muss.

Waarom eet u nie die koek nie?
Ek moet gewig verloor.
Ek eet dit nie omdat ek gewig moet verloor.

Warum trinken Sie das Bier nicht?
Ich muss noch fahren.
Ich trinke es nicht, weil ich noch fahren muss.

Waarom drink u nie die bier nie?
Ek moet nog bestuur.
Ek drink dit nie omdat ek nog moet bestuur.

Warum trinkst du den Kaffee nicht?
Er ist kalt.
Ich trinke ihn nicht, weil er kalt ist.

Waarom drink jy nie die koffie nie?
Dit is koud.
Ek drink dit nie omdat dit koud is.

Warum trinkst du den Tee nicht?
Ich habe keinen Zucker.
Ich trinke ihn nicht, weil ich keinen Zucker habe.

Waarom drink jy nie die tee nie?
Ek het nie suiker nie.
Ek drink dit nie omdat ek nie suiker het nie.

Warum essen Sie die Suppe nicht?
Ich habe sie nicht bestellt.
Ich esse sie nicht, weil ich sie nicht bestellt habe.

Waarom eet u nie die sop nie?
Ek het dit nie bestel nie.
Ek eet dit nie omdat ek dit nie bestel het nie.

Warum essen Sie das Fleisch nicht?
Ich bin Vegetarier.
Ich esse es nicht, weil ich Vegetarier bin.

Waarom eet u nie die vleis nie?
Ek is 'n vegetariër.
Ek eet dit nie omdat ek 'n vegetariër is.

78
[achtundsiebzig]

Adjektive 1

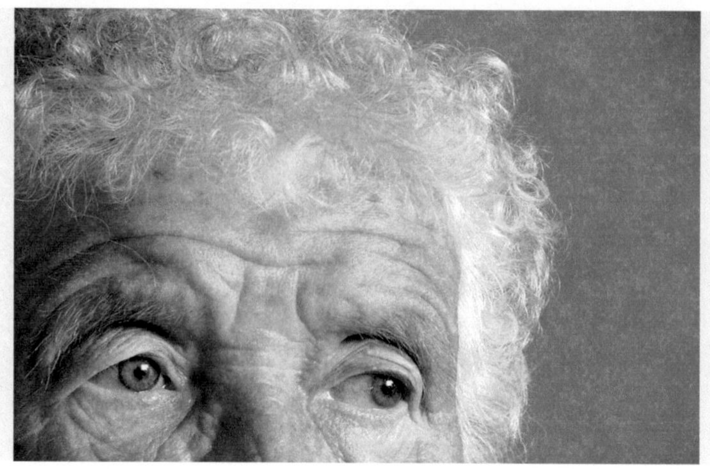

78 [agt en sewentig]

Byvoeglike naamwoorde 1

eine alte Frau	’n ou vrou
eine dicke Frau	’n dik / vet vrou
eine neugierige Frau	’n nuuskierige vrou
ein neuer Wagen	’n nuwe motor
ein schneller Wagen	’n vinnige motor
ein bequemer Wagen	’n gerieflike motor
ein blaues Kleid	’n blou rok
ein rotes Kleid	’n rooi rok
ein grünes Kleid	’n groen rok
eine schwarze Tasche	’n swart sak
eine braune Tasche	’n bruin sak
eine weiße Tasche	’n wit sak
nette Leute	gawe mense
höfliche Leute	hoflike / beleefde mense
interessante Leute	interessante mense
liebe Kinder	liewe kinders
freche Kinder	stoute kinders
brave Kinder	soet kinders

79
[neunundsiebzig]

Adjektive 2

79 [nege en sewentig]

Byvoeglike naamwoorde 2

Ich habe ein blaues Kleid an.	Ek dra 'n blou rok.
Ich habe ein rotes Kleid an.	Ek dra 'n rooi rok.
Ich habe ein grünes Kleid an.	Ek dra 'n groen rok.
Ich kaufe eine schwarze Tasche.	Ek koop 'n swart sak.
Ich kaufe eine braune Tasche.	Ek koop 'n bruin sak.
Ich kaufe eine weiße Tasche.	Ek koop 'n wit sak.
Ich brauche einen neuen Wagen.	Ek het 'n nuwe motor nodig.
Ich brauche einen schnellen Wagen.	Ek het 'n vinnige motor nodig.
Ich brauche einen bequemen Wagen.	Ek het 'n gerieflike motor nodig.
Da oben wohnt eine alte Frau.	Daar bo woon 'n ou vrou.
Da oben wohnt eine dicke Frau.	Daar bo woon 'n dik / vet vrou.
Da unten wohnt eine neugierige Frau.	Daar onder woon 'n nuuskierige vrou.
Unsere Gäste waren nette Leute.	Ons gaste was gawe mense.
Unsere Gäste waren höfliche Leute.	Ons gaste was hoflike / beleefde mense.
Unsere Gäste waren interessante Leute.	Ons gaste was interessante mense.
Ich habe liebe Kinder.	Ek het liewe kinders.
Aber die Nachbarn haben freche Kinder.	Maar die bure het stoute kinders.
Sind Ihre Kinder brav?	Is u kinders soet?

80 [achtzig]

Adjektive 3

80 [tagtig]

Byvoeglike naamwoorde 3

Sie hat einen Hund.
Der Hund ist groß.
Sie hat einen großen Hund.

Sy het 'n hond.
Die hond is groot.
Sy het 'n groot hond.

Sie hat ein Haus.
Das Haus ist klein.
Sie hat ein kleines Haus.

Sy het 'n huis.
Die huis is klein.
Sy het 'n klein huis.

Er wohnt in einem Hotel.
Das Hotel ist billig.
Er wohnt in einem billigen Hotel.

Hy woon in 'n hotel.
Die hotel is goedkoop.
Hy woon in 'n goedkoop hotel.

Er hat ein Auto.
Das Auto ist teuer.
Er hat ein teures Auto.

Hy het 'n motor / kar.
Die motor is duur.
Hy het 'n duur motor.

Er liest einen Roman.
Der Roman ist langweilig.
Er liest einen langweiligen Roman.

Hy lees 'n roman.
Die roman is vervelig.
Hy lees 'n vervelige roman.

Sie sieht einen Film.
Der Film ist spannend.
Sie sieht einen spannenden Film.

Sy kyk 'n rolprent.
Die rolprent is spannend.
Sy kyk 'n spannende rolprent.

81 [einundachtzig] 81 [een en tagtig]

Vergangenheit 1 / Verlede tyd 1

schreiben
Er schrieb einen Brief.
Und sie schrieb eine Karte.

skryf
Hy het 'n brief geskryf.
En sy het 'n kaartjie geskryf.

lesen
Er las eine Illustrierte.
Und sie las ein Buch.

lees
Hy het 'n tydskrif gelees.
En sy het 'n boek gelees.

nehmen
Er nahm eine Zigarette.
Sie nahm ein Stück Schokolade.

neem / vat
Hy het 'n sigaret geneem.
Sy het 'n stuk sjokolade geneem.

Er war untreu, aber sie war treu.
Er war faul, aber sie war fleißig.
Er war arm, aber sie war reich.

Hy was ontrou, maar sy was getrou.
Hy was lui, maar sy was fluks.
Hy was arm, maar sy was ryk.

Er hatte kein Geld, sondern Schulden.
Er hatte kein Glück, sondern Pech.
Er hatte keinen Erfolg, sondern Misserfolg.

Hy het geen geld nie, net skuld.
Hy het geen geluk nie, net slegte geluk.
Hy het geen sukses nie, net terugslae.

Er war nicht zufrieden, sondern unzufrieden.
Er war nicht glücklich, sondern unglücklich.
Er war nicht sympathisch, sondern unsympathisch.

Hy was nie tevrede nie, maar ontevrede.
Hy was nie gelukkig nie, maar ongelukkig.
Hy was nie aangenaam nie, maar onaangenaam.

82
[zweiundachtzig]

82 [twee en tagtig]

Vergangenheit 2

Verlede tyd 2

Musstest du einen Krankenwagen rufen?
Musstest du den Arzt rufen?
Musstest du die Polizei rufen?

Moes jy 'n ambulans bel?
Moes jy die dokter bel?
Moes jy die polisie bel?

Haben Sie die Telefonnummer? Gerade hatte ich sie noch.
Haben Sie die Adresse? Gerade hatte ich sie noch.
Haben Sie den Stadtplan? Gerade hatte ich ihn noch.

Het u die telefoonnommer? Ek het dit netnou nog gehad.
Het u die adres? Ek het dit netnou nog gehad.
Het u die stadskaart? Ek het dit netnou nog gehad.

Kam er pünktlich? Er konnte nicht pünktlich kommen.
Fand er den Weg? Er konnte den Weg nicht finden.
Verstand er dich? Er konnte mich nicht verstehen.

Het hy betyds gekom? Hy kon nie betyds kom nie.
Het hy die weg gevind? Hy kon nie die weg vind nie.
Het hy jou verstaan? Hy kon my nie verstaan nie.

Warum konntest du nicht pünktlich kommen?
Warum konntest du den Weg nicht finden?
Warum konntest du ihn nicht verstehen?

Waarom kon jy nie betyds kom nie?
Waarom kon jy nie die weg vind nie?
Waarom kon jy hom nie verstaan nie?

Ich konnte nicht pünktlich kommen, weil kein Bus fuhr.
Ich konnte den Weg nicht finden, weil ich keinen Stadtplan hatte.
Ich konnte ihn nicht verstehen, weil die Musik so laut war.

Ek kon nie betyds wees nie, omdat daar nie 'n bus was nie.
Ek kon nie die weg vind nie, omdat ek nie 'n kaart gehad het nie.
Ek kon hom nie verstaan nie omdat die musiek so hard was.

Ich musste ein Taxi nehmen.
Ich musste einen Stadtplan kaufen.
Ich musste das Radio ausschalten.

Ek moes 'n taxi neem.
Ek moes 'n stadskaart koop.
Ek moes die radio afskakel.

83
[dreiundachtzig]

83 [drie en tagtig]

Vergangenheit 3

Verlede tyd 3

telefonieren
Ich habe telefoniert.
Ich habe die ganze Zeit telefoniert.

bel
Ek het gebel.
Ek was die heel tyd op die telefoon.

fragen
Ich habe gefragt.
Ich habe immer gefragt.

vra
Ek het gevra.
Ek het altyd gevra.

erzählen
Ich habe erzählt.
Ich habe die ganze Geschichte erzählt.

vertel
Ek het vertel.
Ek het die hele storie vertel.

lernen
Ich habe gelernt.
Ich habe den ganzen Abend gelernt.

leer
Ek het geleer.
Ek het die hele aand geleer.

arbeiten
Ich habe gearbeitet.
Ich habe den ganzen Tag gearbeitet.

werk
Ek het gewerk.
Ek het die hele dag gewerk.

essen
Ich habe gegessen.
Ich habe das ganze Essen gegessen.

eet
Ek het geëet.
Ek het die hele maaltyd opgeëet.

84 [vierundachtzig]

Vergangenheit 4

84 [vier en tagtig]

Verlede tyd 4

lesen	lees
Ich habe gelesen.	Ek het gelees.
Ich habe den ganzen Roman gelesen.	Ek het die hele roman gelees.
verstehen	verstaan
Ich habe verstanden.	Ek het verstaan.
Ich habe den ganzen Text verstanden.	Ek het die hele teks verstaan.
antworten	antwoord
Ich habe geantwortet.	Ek het geantwoord.
Ich habe auf alle Fragen geantwortet.	Ek het alle vrae beantwoord.
Ich weiß das – ich habe das gewusst.	Ek weet dit – Ek het dit geweet.
Ich schreibe das – ich habe das geschrieben.	Ek skryf – Ek het dit geskryf.
Ich höre das – ich habe das gehört.	Ek hoor dit – Ek het dit gehoor.
Ich hole das – ich habe das geholt.	Ek haal dit – Ek het dit gehaal.
Ich bringe das – ich habe das gebracht.	Ek bring dit – Ek het dit gebring.
Ich kaufe das – ich habe das gekauft.	Ek koop dit – Ek het dit gekoop.
Ich erwarte das – ich habe das erwartet.	Ek verwag dit – Ek het dit verwag.
Ich erkläre das – ich habe das erklärt.	Ek verduidelik dit – Ek het dit verduidelik.
Ich kenne das – ich habe das gekannt.	Ek ken dit – Ek het dit geken.

85
[fünfundachtzig]

Fragen – Vergangenheit 1

85 [vyf en tagtig]

Vrae – Verlede tyd 1

Wie viel haben Sie getrunken?
Wie viel haben Sie gearbeitet?
Wie viel haben Sie geschrieben?

Hoeveel het u gedrink?
Hoeveel het u gewerk?
Hoeveel het u geskryf?

Wie haben Sie geschlafen?
Wie haben Sie die Prüfung bestanden?
Wie haben Sie den Weg gefunden?

Hoe het u geslaap?
Hoe het u die eksamen geslaag?
Hoe het u die pad gevind?

Mit wem haben Sie gesprochen?
Mit wem haben Sie sich verabredet?
Mit wem haben Sie Geburtstag gefeiert?

Met wie het u gepraat?
Met wie het u 'n afspraak gemaak?
Met wie het u u verjaarsdag gevier?

Wo sind Sie gewesen?
Wo haben Sie gewohnt?
Wo haben Sie gearbeitet?

Waar was u?
Waar het u gewoon?
Waar het u gewerk?

Was haben Sie empfohlen?
Was haben Sie gegessen?
Was haben Sie erfahren?

Wat het u aanbeveel?
Wat het u geëet?
Wat het u ervaar?

Wie schnell sind Sie gefahren?
Wie lange sind Sie geflogen?
Wie hoch sind Sie gesprungen?

Hoe vinnig het u gery?
Hoe lank het u gevlieg?
Hoe hoog het u gespring?

86
[sechsundachtzig]

Fragen – Vergangenheit 2

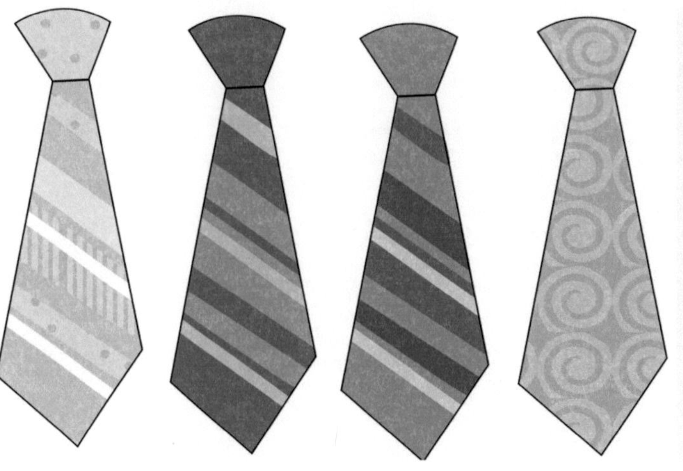

86 [ses en tagtig]

Vrae – Verlede tyd 2

Welche Krawatte hast du getragen?	Watter das het jy gedra?
Welches Auto hast du gekauft?	Watter kar / motor het jy gekoop?
Welche Zeitung hast du abonniert?	Op watter koerant het jy ingeteken?
Wen haben Sie gesehen?	Wie het u gesien?
Wen haben Sie getroffen?	Wie het u ontmoet?
Wen haben Sie erkannt?	Wie het u herken?
Wann sind Sie aufgestanden?	Wanneer het u opgestaan?
Wann haben Sie begonnen?	Wanneer het u begin?
Wann haben Sie aufgehört?	Wanneer het u opgehou?
Warum sind Sie aufgewacht?	Waarom het u wakker geword?
Warum sind Sie Lehrer geworden?	Waarom het u 'n onderwyser geword?
Warum haben Sie ein Taxi genommen?	Waarom het u 'n taxi geneem?
Woher sind Sie gekommen?	Waarvandaan het u gekom?
Wohin sind Sie gegangen?	Waarheen het u gegaan?
Wo sind Sie gewesen?	Waar was u gewees?
Wem hast du geholfen?	Wie het jy gehelp?
Wem hast du geschrieben?	(Vir) wie het jy geskryf?
Wem hast du geantwortet?	Wie het jy geantwoord?

87 [siebenundachtzig]

Vergangenheit der Modalverben 1

87 [sewe en tagtig]

Verlede tyd van modale werkwoorde 1

Wir mussten die Blumen gießen.	Ons moes die blomme natgooi.
Wir mussten die Wohnung aufräumen.	Ons moes die woonstel opruim.
Wir mussten das Geschirr spülen.	Ons moes die skottelgoed was.
Musstet ihr die Rechnung bezahlen?	Moes julle die rekening betaal?
Musstet ihr Eintritt bezahlen?	Moes julle ’n ingangsfooi betaal?
Musstet ihr eine Strafe bezahlen?	Moes julle ’n boete betaal?
Wer musste sich verabschieden?	Wie moes afskeid neem?
Wer musste früh nach Hause gehen?	Wie moes vroeg huis toe gaan?
Wer musste den Zug nehmen?	Wie moes hierdie trein neem?
Wir wollten nicht lange bleiben.	Ons wou nie lank bly nie.
Wir wollten nichts trinken.	Ons wou niks drink nie.
Wir wollten nicht stören.	Ons wou nie pla nie.
Ich wollte eben telefonieren.	Ek wou nou nou net ’n oproep maak.
Ich wollte ein Taxi bestellen.	Ek wou ’n taxi bel.
Ich wollte nämlich nach Haus fahren.	Ek wou eintlik huis toe bestuur het.
Ich dachte, du wolltest deine Frau anrufen.	Ek dag / dog / het gedink jy wou jou vrou bel.
Ich dachte, du wolltest die Auskunft anrufen.	Ek dag / dog / het gedink jy wou die inligtingstoonbank bel.
Ich dachte, du wolltest eine Pizza bestellen.	Ek dag / dog / het gedink jy wou ’n pizza bestel.

88 [achtundachtzig]

Vergangenheit der Modalverben 2

88 [agt en tagtig]

Verlede tyd van modale werkwoorde 2

Mein Sohn wollte nicht mit der Puppe spielen.	My seun wou nie met die pop speel nie.
Meine Tochter wollte nicht Fußball spielen.	My dogter wou nie sokker speel nie.
Meine Frau wollte nicht mit mir Schach spielen.	My vrou wou nie met my skaak speel nie.
Meine Kinder wollten keinen Spaziergang machen.	My kinders wou nie gaan stap nie.
Sie wollten nicht das Zimmer aufräumen.	Hulle wou nie die kamer opruim nie.
Sie wollten nicht ins Bett gehen.	Hulle wou nie gaan slaap nie.
Er durfte kein Eis essen.	Hy mag nie roomys geëet het nie.
Er durfte keine Schokolade essen.	Hy mag nie sjokolade geëet het nie.
Er durfte keine Bonbons essen.	Hy mag nie lekkergoed geëet het nie.
Ich durfte mir etwas wünschen.	Ek mag vir iets gewens het.
Ich durfte mir ein Kleid kaufen.	Ek mag vir my 'n rok gekoop het.
Ich durfte mir eine Praline nehmen.	Ek mag vir my 'n sjokolade gevat het.
Durftest du im Flugzeug rauchen?	Mag jy in die vliegtuig rook?
Durftest du im Krankenhaus Bier trinken?	Mag jy in die hospitaal bier drink?
Durftest du den Hund ins Hotel mitnehmen?	Mag jy die hond in die hotel saamneem?
In den Ferien durften die Kinder lange draußen bleiben.	In die vakansie mag die kinders laat uitgebly het.
Sie durften lange im Hof spielen.	Hulle mag lank in die werf gespeel het.
Sie durften lange aufbleiben.	Hulle mag laat wakker gebly het.

89
[neunundachtzig]

Imperativ 1

89 [nege en tagtig]

Imperatief 1

Du bist so faul – sei doch nicht so faul!
Du schläfst so lang – schlaf doch nicht so lang!
Du kommst so spät – komm doch nicht so spät!

Jy is so lui – moet nie so lui wees nie!
Jy slaap so lank – moet nie so lank slaap nie!
Jy kom so laat – moet nie so laat kom nie!

Du lachst so laut – lach doch nicht so laut!
Du sprichst so leise – sprich doch nicht so leise!
Du trinkst zu viel – trink doch nicht so viel!

Jy lag so hard – moet nie so hard lag nie!
Jy praat so sag – moet nie so sag praat nie!
Jy drink te veel – moet nie so baie drink nie!

Du rauchst zu viel – rauch doch nicht so viel!
Du arbeitest zu viel – arbeite doch nicht so viel!
Du fährst so schnell – fahr doch nicht so schnell!

Jy rook te veel – moet nie so baie rook nie!
Jy werk te veel – moet nie so baie werk nie!
Jy ry te vinnig – moet nie so vinnig ry nie!

Stehen Sie auf, Herr Müller!
Setzen Sie sich, Herr Müller!
Bleiben Sie sitzen, Herr Müller!

Staan op, Meneer Müller!
Sit, Meneer Müller!
Bly sit, Meneer Müller!

Haben Sie Geduld!
Nehmen Sie sich Zeit!
Warten Sie einen Moment!

Wees geduldig!
Neem u tyd!
Wag 'n oomblik!

Seien Sie vorsichtig!
Seien Sie pünktlich!
Seien Sie nicht dumm!

Wees versigtig!
Wees betyds!
Moet nie dom wees nie!

90 [neunzig]

Imperativ 2

90 [negentig]

Imperatief 2

Rasier dich! Wasch dich! Kämm dich!	Skeer jouself! Was jouself! Kam jou hare!
Ruf an! Rufen Sie an! Fang an! Fangen Sie an! Hör auf! Hören Sie auf!	Bel! Begin! Hou op!
Lass das! Lassen Sie das! Sag das! Sagen Sie das! Kauf das! Kaufen Sie das!	Los dit! Sê dit! Koop dit!
Sei nie unehrlich! Sei nie frech! Sei nie unhöflich!	Moet nooit oneerlik wees nie! Moet nooit stout wees nie! Moet nooit onbeskof wees nie!
Sei immer ehrlich! Sei immer nett! Sei immer höflich!	Wees altyd eerlik! Wees altyd gaaf! Wees altyd hoflik / beleefd!
Kommen Sie gut nach Haus! Passen Sie gut auf sich auf! Besuchen Sie uns bald wieder!	Mooi loop/ry! Sien mooi na jouself om! Besoek ons gou weer!

91
[einundneunzig]

Nebensätze mit dass 1

91 [een en negentig]

Bysinne met dat 1

Das Wetter wird vielleicht morgen besser.	Die weer word môre miskien beter.
Woher wissen Sie das?	Hoe weet u dit?
Ich hoffe, dass es besser wird.	Ek hoop dat dit beter word.
Er kommt ganz bestimmt.	Hy kom beslis.
Ist das sicher?	Is jy seker?
Ich weiß, dass er kommt.	Ek weet dat hy kom.
Er ruft bestimmt an.	Hy sal beslis bel.
Wirklich?	Werklik?
Ich glaube, dass er anruft.	Ek glo dat hy sal bel.
Der Wein ist sicher alt.	Die wyn is seker oud.
Wissen Sie das genau?	Weet jy dit voor jou siel?
Ich vermute, dass er alt ist.	Ek vermoed dat dit oud is.
Unser Chef sieht gut aus.	Ons baas is aantreklik.
Finden Sie?	Dink jy so?
Ich finde, dass er sogar sehr gut aussieht.	Ek dink dat hy baie aantreklik is.
Der Chef hat bestimmt eine Freundin.	Die baas het beslis 'n meisie.
Glauben Sie wirklich?	Dink jy werklik so?
Es ist gut möglich, dass er eine Freundin hat.	Dit is heel moontlik dat hy 'n meisie het.

92 [zweiundneunzig]

Nebensätze mit dass 2

92 [twee en negentig]

Bysinne met dat 2

Es ärgert mich, dass du schnarchst.
Es ärgert mich, dass du so viel Bier trinkst.
Es ärgert mich, dass du so spät kommst.

Dit maak my kwaad dat jy snork.
Dit maak my kwaad dat jy soveel bier drink.
Dit maak my kwaad dat jy so laat kom.

Ich glaube, dass er einen Arzt braucht.
Ich glaube, dass er krank ist.
Ich glaube, dass er jetzt schläft.

Ek dink dat hy 'n dokter nodig het.
Ek dink dat hy siek is.
Ek dink dat hy nou slaap.

Wir hoffen, dass er unsere Tochter heiratet.
Wir hoffen, dass er viel Geld hat.
Wir hoffen, dass er Millionär ist.

Ons hoop dat hy met ons dogter trou.
Ons hoop dat hy baie geld het.
Ons hoop dat hy 'n miljoenêr is.

Ich habe gehört, dass deine Frau einen Unfall hatte.
Ich habe gehört, dass sie im Krankenhaus liegt.
Ich habe gehört, dass dein Auto total kaputt ist.

Ek het gehoor dat jou vrou 'n ongeluk gehad het.
Ek het gehoor dat sy in die hospitaal lê.
Ek het gehoor dat jou kar afgeskryf is.

Es freut mich, dass Sie gekommen sind.
Es freut mich, dass Sie Interesse haben.
Es freut mich, dass Sie das Haus kaufen wollen.

Ek is bly dat u gekom het.
Ek is bly dat u belangstel.
Ek is bly dat u die huis wil koop.

Ich fürchte, dass der letzte Bus schon weg ist.
Ich fürchte, dass wir ein Taxi nehmen müssen.
Ich fürchte, dass ich kein Geld bei mir habe.

Ek is bevrees dat die laaste bus al weg is.
Ek is bevrees dat ons 'n taxi sal moet neem.
Ek is bevrees dat ek geen geld by my het nie.

93
[dreiundneunzig]

Nebensätze mit ob

93 [drie en negentig]

Bysinne met of

Ich weiß nicht, ob er mich liebt.	Ek weet nie of hy my lief het nie.
Ich weiß nicht, ob er zurückkommt.	Ek weet nie of hy terugkom nie.
Ich weiß nicht, ob er mich anruft.	Ek weet nie of hy my sal bel nie.
Ob er mich wohl liebt?	Of hy my wel lief het?
Ob er wohl zurückkommt?	Of hy wel terugkom?
Ob er mich wohl anruft?	Of hy my wel sal bel?
Ich frage mich, ob er an mich denkt.	Ek wonder of hy aan my dink.
Ich frage mich, ob er eine andere hat.	Ek wonder of hy iemand anders het.
Ich frage mich, ob er lügt.	Ek wonder of hy jok.
Ob er wohl an mich denkt?	Of hy wel aan my dink?
Ob er wohl eine andere hat?	Of hy wel iemand anders het?
Ob er wohl die Wahrheit sagt?	Of hy wel die waarheid praat?
Ich zweifele, ob er mich wirklich mag.	Ek twyfel of hy werklik van my hou.
Ich zweifele, ob er mir schreibt.	Ek twyfel of hy vir my gaan skryf.
Ich zweifele, ob er mich heiratet.	Ek twyfel of hy met my gaan trou.
Ob er mich wohl wirklich mag?	Of hy wel werklik van my hou?
Ob er mir wohl schreibt?	Of hy wel vir my gaan skryf?
Ob er mich wohl heiratet?	Of hy wel met my gaan trou?

94
[vierundneunzig]

Konjunktionen 1

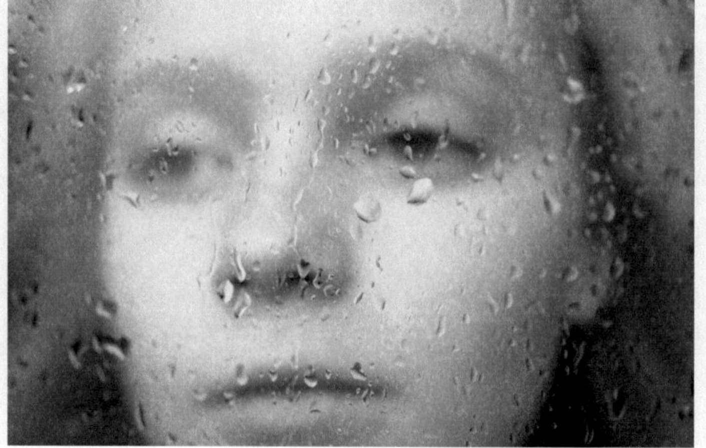

94 [vier en negentig]

Voegwoorde 1

Warte, bis der Regen aufhört.
Warte, bis ich fertig bin.
Warte, bis er zurückkommt.

Wag tot dit ophou reën.
Wag tot ek klaar is.
Wag tot hy terugkom.

Ich warte, bis meine Haare trocken sind.
Ich warte, bis der Film zu Ende ist.
Ich warte, bis die Ampel grün ist.

Ek wag tot my hare droog is.
Ek wag tot die rolprent klaar is.
Ek wag tot die verkeerslig groen is.

Wann fährst du in Urlaub?
Noch vor den Sommerferien?
Ja, noch bevor die Sommerferien beginnen.

Wanneer gaan jy met verlof?
Nog voor die somervakansie?
Ja, nog voor die somervakansie begin.

Reparier das Dach, bevor der Winter beginnt.
Wasch deine Hände, bevor du dich an den Tisch setzt.
Schließ das Fenster, bevor du rausgehst.

Herstel die dak voor die winter begin.
Was jou hande voor jy aan tafel sit.
Maak toe die venster voor jy uitgaan.

Wann kommst du nach Hause?
Nach dem Unterricht?
Ja, nachdem der Unterricht aus ist.

Wanneer kom jy huis toe?
Na klas? / Na die les?
Ja, nadat die klas verby is.

Nachdem er einen Unfall hatte, konnte er nicht mehr arbeiten.
Nachdem er die Arbeit verloren hatte, ist er nach Amerika gegangen.
Nachdem er nach Amerika gegangen war, ist er reich geworden.

Nadat hy 'n ongeluk gehad het, kon hy nie meer werk nie.
Nadat hy sy werk verloor het, is hy na Amerika.
Nadat hy Amerika toe is, het hy ryk geword.

95
[fünfundneunzig]

Konjunktionen 2

95 [vyf en negentig]

Voegwoorde 2

Seit wann arbeitet sie nicht mehr? Seit ihrer Heirat? Ja, sie arbeitet nicht mehr, seitdem sie geheiratet hat.	Van wanneer af werk sy nie meer nie? Sedert haar troue? Ja, sy werk nie meer sedert sy getroud is nie.
Seitdem sie geheiratet hat, arbeitet sie nicht mehr. Seitdem sie sich kennen, sind sie glücklich. Seitdem sie Kinder haben, gehen sie selten aus.	Sedert sy getroud is, werk sy nie meer nie. Sedert hulle mekaar ken, is hulle gelukkig. Sedert hulle kinders het, gaan hulle selde uit.
Wann telefoniert sie? Während der Fahrt? Ja, während sie Auto fährt.	Wanneer bel sy? Tydens die rit? Ja, terwyl sy bestuur.
Sie telefoniert, während sie Auto fährt. Sie sieht fern, während sie bügelt. Sie hört Musik, während sie ihre Aufgaben macht.	Sy bel terwyl sy bestuur. Sy kyk televisie terwyl sy stryk. Sy luister na musiek terwyl sy haar huiswerk doen.
Ich sehe nichts, wenn ich keine Brille habe. Ich verstehe nichts, wenn die Musik so laut ist. Ich rieche nichts, wenn ich Schnupfen habe.	Ek kan niks sien as ek nie 'n bril dra nie. Ek verstaan niks as die musiek so hard is nie. Ek ruik niks as ek 'n loopneus het nie.
Wir nehmen ein Taxi, wenn es regnet. Wir reisen um die Welt, wenn wir im Lotto gewinnen. Wir fangen mit dem Essen an, wenn er nicht bald kommt.	Ons sal 'n taxi neem as dit reën. Ons gaan om die wêreld reis as ons die lotto wen. Ons gaan begin eet as hy nie binnekort kom nie.

96 [sechsundneunzig]

Konjunktionen 3

96 [ses en negentig]

Voegwoorde 3

Ich stehe auf, sobald der Wecker klingelt.
Ich werde müde, sobald ich lernen soll.
Ich höre auf zu arbeiten, sobald ich 60 bin.

Ek staan op sodra die wekker lui.
Ek word moeg sodra ek moet leer.
Ek gaan ophou werk sodra ek 60 is.

Wann rufen Sie an?
Sobald ich einen Moment Zeit habe.
Er ruft an, sobald er etwas Zeit hat.

Wanneer gaan jy bel?
Sodra ek 'n kansie het.
Hy sal bel sodra hy tyd het.

Wie lange werden Sie arbeiten?
Ich werde arbeiten, solange ich kann.
Ich werde arbeiten, solange ich gesund bin.

Hoe lank gaan u werk?
Ek sal werk so lank as wat ek kan.
Ek sal werk so lank as wat ek gesond is.

Er liegt im Bett, anstatt dass er arbeitet.
Sie liest die Zeitung, anstatt dass sie kocht.
Er sitzt in der Kneipe, anstatt dass er nach Hause geht.

Hy lê in die bed in plaas daarvan dat hy werk.
Sy lees die koerant in plaas daarvan dat sy kook.
Hy sit in die kroeg in plaas daarvan dat hy huis toe gaan.

Soweit ich weiß, wohnt er hier.
Soweit ich weiß, ist seine Frau krank.
Soweit ich weiß, ist er arbeitslos.

Sover ek weet, woon hy hier.
Sover ek weet, is sy vrou siek.
Sover ek weet, is hy werkloos.

Ich hatte verschlafen, sonst wäre ich pünktlich gewesen.
Ich hatte den Bus verpasst, sonst wäre ich pünktlich gewesen.
Ich hatte den Weg nicht gefunden, sonst wäre ich pünktlich gewesen.

Ek het verslaap, andersins sou ek betyds gewees het.
Ek het die bus verpas, andersins sou ek betyds gewees het.
Ek het die pad nie gevind nie, andersins sou ek betyds gewees het.

97 [siebenundneunzig]

Konjunktionen 4

97 [sewe en negentig]

Voegwoorde 4

Er ist eingeschlafen, obwohl der Fernseher an war.
Er ist noch geblieben, obwohl es schon spät war.
Er ist nicht gekommen, obwohl wir uns verabredet hatten.

Hy het aan die slaap geraak, al was die tv nog aan.
Hy het nog gebly, al was dit al laat.
Hy het nie gekom nie, al het ons 'n afspraak gehad.

Der Fernseher war an. Trotzdem ist er eingeschlafen.
Es war schon spät. Trotzdem ist er noch geblieben.
Wir hatten uns verabredet. Trotzdem ist er nicht gekommen.

Die tv was aan. Ten spyte daarvan het hy aan die slaap geraak.
Hy was reeds laat. Tog het hy nog gebly.
Ons het 'n afspraak gehad. Tog het hy nie gekom nie.

Obwohl er keinen Führerschein hat, fährt er Auto.
Obwohl die Straße glatt ist, fährt er schnell.
Obwohl er betrunken ist, fährt er mit dem Rad.

Al het hy nie 'n rybewys nie, bestuur hy die motor.
Al is die straat glad, ry hy vinnig.
Al is hy dronk, ry hy fiets.

Er hat keinen Führerschein. Trotzdem fährt er Auto.
Die Straße ist glatt. Trotzdem fährt er so schnell.
Er ist betrunken. Trotzdem fährt er mit dem Rad.

Hy het geen rybewys nie. Ten spyte daarvan bestuur hy die motor.
Die straat is glad. Ten spyte daarvan ry hy vinnig.
Hy is dronk. Ten spyte daarvan ry hy fiets.

Sie findet keine Stelle, obwohl sie studiert hat.
Sie geht nicht zum Arzt, obwohl sie Schmerzen hat.
Sie kauft ein Auto, obwohl sie kein Geld hat.

Sy vind nie werk nie, al het sy gestudeer.
Sy gaan nie na 'n dokter toe nie, al het sy pyn.
Sy koop 'n motor, al het sy nie geld nie.

Sie hat studiert. Trotzdem findet sie keine Stelle.
Sie hat Schmerzen. Trotzdem geht sie nicht zum Arzt.
Sie hat kein Geld. Trotzdem kauft sie ein Auto.

Sy het gestudeer. Ten spyte daarvan vind sy geen werk nie.
Sy het pyn. Ten spyte daarvan gaan sy nie na die dokter toe nie.
Sy het geen geld nie. Ten spyte daarvan koop sy 'n motor.

98
[achtundneunzig]

Doppelte
Konjunktionen

98 [agt en
negentig]

Dubbele
voegwoorde

Die Reise war zwar schön, aber zu anstrengend.	Die reis was nou wel mooi, maar te uitputtend.
Der Zug war zwar pünktlich, aber zu voll.	Die trein was nou wel betyds, maar te vol.
Das Hotel war zwar gemütlich, aber zu teuer.	Die hotel was nou wel gesellig, maar te duur.
Er nimmt entweder den Bus oder den Zug.	Hy neem óf die bus óf die trein.
Er kommt entweder heute Abend oder morgen früh.	Hy kom óf vanaand óf môreoggend vroeg.
Er wohnt entweder bei uns oder im Hotel.	Hy bly óf by ons óf in die hotel.
Sie spricht sowohl Spanisch als auch Englisch.	Sy praat Spaans sowel as Engels.
Sie hat sowohl in Madrid als auch in London gelebt.	Sy het in Madrid sowel as in Londen gewoon.
Sie kennt sowohl Spanien als auch England.	Sy ken Spanje sowel as Engeland.
Er ist nicht nur dumm, sondern auch faul.	Hy is nie net dom nie, maar ook lui.
Sie ist nicht nur hübsch, sondern auch intelligent.	Sy is nie net mooi nie, maar ook intelligent.
Sie spricht nicht nur Deutsch, sondern auch Französisch.	Sy praat nie net Duits nie, maar ook Frans.
Ich kann weder Klavier noch Gitarre spielen.	Ek kan nie klavier of kitaar speel nie.
Ich kann weder Walzer noch Samba tanzen.	Ek kan nie wals of samba nie.
Ich mag weder Oper noch Ballett.	Ek hou nie van opera of ballet nie.
Je schneller du arbeitest, desto früher bist du fertig.	Hoe vinniger jy werk, hoe vroeër is jy klaar.
Je früher du kommst, desto früher kannst du gehen.	Hoe vroeër jy kom, hoe vroeër kan jy gaan.
Je älter man wird, desto bequemer wird man.	Hoe ouer mens word, hoe traer word mens.

99 [neunundneunzig]

Genitiv

99 [nege en negentig]

Genitief

die Katze meiner Freundin	my vriendin se kat
der Hund meines Freundes	my vriend se hond
die Spielsachen meiner Kinder	my kinders se speelgoed
Das ist der Mantel meines Kollegen.	Dit is my kollega se jas.
Das ist das Auto meiner Kollegin.	Dit is my kollega se motor.
Das ist die Arbeit meiner Kollegen.	Dit is my kollega se werk.
Der Knopf von dem Hemd ist ab.	Die hemp se knoop is af.
Der Schlüssel von der Garage ist weg.	Die motorhuis se sleutel is weg.
Der Computer vom Chef ist kaputt.	Die baas se rekenaar is stukkend.
Wer sind die Eltern des Mädchens?	Wie is die meisie se ouers?
Wie komme ich zum Haus ihrer Eltern?	Hoe kom ek by haar ouers se huis?
Das Haus steht am Ende der Straße.	Die huis staan aan die einde van die straat.
Wie heißt die Hauptstadt von der Schweiz?	Wat is die naam van die hoofstad van Switserland?
Wie heißt der Titel von dem Buch?	Wat is die titel van die boek?
Wie heißen die Kinder von den Nachbarn?	Wat is die bure se kinders se name?
Wann sind die Schulferien von den Kindern?	Wanneer is die kinders se skoolvakansie?
Wann sind die Sprechzeiten von dem Arzt?	Wanneer is die dokter se spreekure?
Wann sind die Öffnungszeiten von dem Museum?	Wat is die openingstye van die museum?

100 [hundert]

Adverbien

100 [een honderd]

Bywoorde

schon einmal – noch nie
Sind Sie schon einmal in Berlin gewesen?
Nein, noch nie.

Al vantevore – nog nooit
Was u al vantevore in Berlyn?
Nee, nog nooit nie.

jemand – niemand
Kennen Sie hier jemand(en)?
Nein, ich kenne hier niemand(en).

iemand – niemand
Ken u iemand hier?
Nee, ek ken niemand hier nie.

noch – nicht mehr
Bleiben Sie noch lange hier?
Nein, ich bleibe nicht mehr lange hier.

nog – niks meer nie
Gaan u nog lank hier bly?
Nee, ek gaan nie veel langer hier bly nie.

noch etwas – nichts mehr
Möchten Sie noch etwas trinken?
Nein, ich möchte nichts mehr.

nog iets – niks meer nie
Wil u nog iets drink?
Nee, ek wil niks meer hê nie.

schon etwas – noch nichts
Haben Sie schon etwas gegessen?
Nein, ich habe noch nichts gegessen.

al iets – nog niks
Het u al iets geëet?
Nee, ek het nog niks geëet nie.

noch jemand – niemand mehr
Möchte noch jemand einen Kaffee?
Nein, niemand mehr.

nog iemand – niemand meer
Wil nog iemand koffie hê?
Nee, niemand meer nie.